“大食物观”征文活动

优秀作品集

农业农村部渔业渔政管理局
全国水产技术推广总站 编

中国农业出版社
北 京

编审委员会

主　任： 刘新中

副主任： 袁晓初　于秀娟

委　员： 姜　波　林连升　李　颖

编写人员

主　编： 于秀娟　姜　波

副主编： 林连升　李　颖　邱亢铖

参　编（按姓氏笔画排序）：

张馨馨　陈海飞　单　袁　姜　博

高浩渊　阎墨桐　蔡　杨　颜晓昊

前言

FOREWORD

在2022年3月的全国两会上，习近平总书记强调要树立大食物观，向江河湖海要食物，向设施农业要食物。渔业是向江河湖海要食物的主要生产方式，水产品提供了优质动物蛋白，改善了居民膳食结构，为保障国家粮食安全作出了积极贡献。2023年4月，习近平总书记在位于广东省的国家863计划项目海水养殖种子工程南方基地考察时再次强调，中国是一个有着14亿多人口的大国，解决好吃饭问题、保障粮食安全，要树立大食物观，既向陆地要食物，也向海洋要食物，耕海牧渔，建设海上牧场、“蓝色粮仓”。

为贯彻落实习近平总书记关于大食物观的重要指示精神，总结经验、树立典型，进一步拓展渔业空间，提升水产品产能，农业农村部渔业渔政管理局组织开展了以“树立大食物观——向江河湖海要食物”为主题的征文活动。

征文活动受到业内外的广泛关注和积极响应，征稿期间共收到130余篇征文。这些征文从水产养殖、捕捞、资源养护、科技加工、渔政执法、休闲渔业等多领域、多方向、多角度阐述了贯彻“大食物观”的重要意义，并提出了工作思路和对策建议，介绍了一些典型案例。农业农村部渔业渔政管理局会同《中国水产》杂志社，组织专家对征文进行了三轮评选，最后综合评选出39篇优秀论文。这些文章充分反映了我国渔业行业落实大食物观的实践探索，具有很好的参考借鉴价值。本书即是在这些优秀论文基础上进一步整理编辑而成，文中观点仅代表作者本人立场，供广大关心支持我国渔业高质量发展的各界人士参考。

希望广大渔业从业者通过阅读此书有所受益，进一步准确把握大食物观的科学内涵和实践要求，坚决扛起“向江河湖海要食物”的光荣使命，多途径开发渔业空间和潜力，打造践行大食物观的生动样板，为全方位夯实粮食安全根基提供有力支撑，为实施乡村振兴战略和推动渔业现代化建设作出更大贡献。

目录

CONTENTS

一等奖作品

践行大食物观——以科技创新引领渔业高质量发展

王毅超　宋金龙　王　书　李梦龙　马卓君

中国水产科学研究院

渔业是国民经济重要产业，是农业农村经济的重要组成部分，在保障农产品供给和国家食物安全、增加农民收入、维护国家海洋权益、加强生态文明建设等方面发挥了重要作用。习近平总书记在参加全国政协十三届五次会议时提出，要树立大食物观，向江河湖海要食物，将渔业的战略地位提到了新的高度，也为渔业发展提出了更高要求。作为向江河湖海要食物的主要生产方式，渔业该如何贯彻落实大食物观，以科技创新驱动高质量发展，不断推进水产品可持续、高质量产出，增强对粮食安全和营养安全的支撑能力，作为渔业科技工作者，笔者进行了以下几点思考。

一、渔业是践行大食物观、保障国家粮食安全的重要组成部分

“作结绳而为网罟，以佃以渔”，渔业自古以来就是人类向大自然索取食物的重要方式之一，也与国民经济发展齐步而趋。新中国成立以来，我国渔业从无到有，从小到大，从弱到强，渔业的发展取得了历史性变革和举世瞩目的巨大成就，成为“大国粮仓”不可或缺的组成部分。一是保障优质水产品供给，满足人民需求。水产品是重要的“菜篮子”产品之一，是我国居民膳食营养结构中重要的优质动物蛋白来源。2021 年，全国水产品总产量 6 690 万吨，

连续33年居世界首位，人均水产品占有量47千克，是世界人均水平的2倍，人均水产品消费约占人均动物蛋白消费量的1/3，保障了水产品稳定供给，不断满足人民群众对优质水产品日益增长的美好需求，有力践行了“不仅保障主粮安全，而是要保证整个食物安全”的大食物观。二是推动渔业经济发展，助力乡村振兴。全国渔业经济总产值稳定增长，2021年，全国渔业经济总产值达到29 689亿元，比1952年的6亿元增长了4 948倍。渔业经济的快速增长极大带动了渔民增收，2021年渔民人均纯收入23 442元，是1985年的38倍。渔业对优化农业产业结构、创造大量就业机会、提高农民收入有着至关重要的作用，有效助力了乡村振兴。

二、科技创新是支撑渔业高质量发展的核心推动力

科技支撑发展，创新引领未来，我国渔业取得的巨大成就，一方面得益于正确的渔业发展方针、政策，另一方面得益于渔业科技创新的巨大核心推动力。渔业产业的发展与科技的进步是相依相存、相辅相成的，一系列重大的科技创新成果不断推动渔业朝向新的台阶跨越。

新中国成立之初，以钟麟为代表的科学家团队突破四大家鱼的人工繁殖技术，成为渔业从“狩猎型”向“农耕型”过渡的关键标志。20世纪50年代，朱树屏等发明了海带自然光人工育苗技术，带动和兴起了我国海水养殖的第一次发展浪潮。改革开放以后，赵法箴院士等攻克了对虾工厂化全人工育苗技术，使对虾进入大规模全人工养殖时期。对虾、扇贝、大黄鱼、鲆鲽类等重要养殖品种人工育苗技术的发展，掀起了一波又一波的养殖浪潮，使老百姓从“吃鱼难”到“年年有鱼”“无鱼不成宴”。90年代的网箱、工厂化养殖技术，以及进入21世纪以来，深水抗风浪网箱养殖、生态健康养殖技术的推广，极大地推动了我国水产养殖业的快速发展，为水产品的稳产保供作出了突出贡献。

党的十八大以来，渔业科技加快关键技术突破，科技创新继续

为渔业的发展提供了强大动力。“海水养殖容量”“贝藻养殖碳汇”及“碳汇渔业”等基础科学研究不断推进，使渔业的绿色发展有了坚实充足的科学依据。渔业科技工作者在养殖技术与养殖模式方面加快了关键技术突破和创新成果转化，循环水养殖、稻渔综合种养、多营养层级立体养殖等生态养殖模式不断推广，物联网养殖设备、大型深海养殖装备不断涌现，为渔业高质量绿色发展注入了新的动能。

三、新形势下贯彻落实大食物观，以科技创新驱动渔业高质量发展

向江河湖海要食物，向设施农业要食物的大食物观，将渔业的战略地位提到了新的高度，同时为渔业发展提出了更高要求。我国渔业产业规模宏大，虽然渔业科技创新成果总体支撑了产业的快速发展，但在天然水域渔业资源衰退、耕地红线不能逾越、渔业生产空间被挤压的形势下，我们仍然面临着水产种业创新不够、关键养殖核心技术有待攻关、渔业装备性能有待提升等问题。新形势下，我们要着眼于渔业科技制高点，着眼于强化引领性、颠覆性技术的竞争力，贯彻落实大食物观，持续推动科技创新，促进渔业提质增效、转型升级和高质量发展。

（一）聚焦种源自主可控，向种业源头要食物

种业是渔业的“芯片”，更是渔业高质量发展的基础。我国水产育种在基因资源发掘、种质创制等方面已经处于领跑地位，但仍面临着拳头养殖品种占位不足，有育种利用价值和自主知识产权的新基因少，种质资源保藏和利用不够等问题，要想实现种业振兴，必须突破关键核心技术。一是种质资源保存与精准鉴定。以抗病、抗逆品质和生长等重要经济性状为攻关目标，开展水产养殖种质资源的收集、保存、鉴定与评价，筛选水产养殖优异种质。二是加强原创性技术研究。开展水产生物表型组、合成生物学等关键技术研

究，创新水产生物基因编辑、全基因组选择等育种技术，补齐我们在原创性育种技术方面的短板。三是培育突破性新品种。运用先进的生物育种理论与方法，培育突破性品种，培育壮大育繁推一体化种业龙头企业。

（二）突破养殖核心技术，向江河湖海要食物

坚持生态优先原则，在更加注重资源节约、更加注重环境友好、更加注重生态保育的基础上拓展渔业的生产空间、提高渔业的生产效率、提高渔业的生产品质，是践行大食物观的重要途径。一是积极向盐碱地进军，不与粮争地、不与人争水地拓展养殖空间。我国农业无法直接利用的盐碱地占国土面积10%，开展主要养殖品种耐盐碱性能提升研究和盐碱水土资源一体化利用技术研究，实现“以渔治碱”，改善土壤结构与生态环境，走出一条盐碱地综合治理可持续发展之路，进一步拓展水产养殖的空间。二是推进渔农综合种养，一水两用，一地多收的提高生产效率。突破渔农综合种养高质高效核心技术，构建鱼-稻、虾-稻、蟹-稻、鱼-菜等高质高效生态种养模式，显著提升渔业生产水平和产出能力，提高渔业生产效率。三是提升水产品质量安全与精细加工水平，提高渔业生产品质。突破水产品预制菜高质化加工关键技术、加工副产物中活性物质高效综合利用、水产品质量安全评估及养殖污染防控等新技术，提高水产品品质，满足人民对高质量水产品日益增长的需求。

（三）加强智能装备研发，向设施渔业要食物

我国国土资源广阔，资源类型丰富，既要向耕地要粮食，确保中国人的饭碗主要装中国粮，又要向设施农业要产出，推动食物供给由单一生产向多元供给转变，是践行大食物观的重要举措。一是突破池塘、陆基工厂化智慧养殖技术瓶颈。开展智能化养殖装备及智慧渔业平台开发，构建以大数据为核心的水产物联网平台，实现养殖环境调控及系统管控。研发智能池塘生态评估装备和高效水体净化装置，实现集约化养殖污染的可控化，引导产业逐步走向智能化、精准化、健康化。二是发展深海与极地捕捞业，提高海洋资源开发能力。开展远洋捕捞机械化、自动化和智能化装备的研制，研发极地渔业资源高效开发利用等智能装备，进一步向深蓝海洋进军，利用智能捕捞设施开发深海与极地蕴藏的丰富渔业资源，揽万里海疆，推动渔业挺进大洋。三是研发深远海智能养殖设备，拓展海洋经济发展空间。开展深远海大型智慧渔场养殖装备、智慧渔业大型养殖工船等技术攻关。发展深蓝养殖业，充分利用广阔的深远海空间，促进养殖业高质量发展。

回顾新中国成立以来渔业的发展历程，成就斐然。站在新的历史起点上展望未来，渔业发展机遇与挑战并存。作为渔业科研人员，我们要以习近平新时代中国特色社会主义思想为指导，以贯彻落实大食物观为引领，以不断推动科技创新为抓手，实现渔业科技自立自强为目标，扎实推进渔业高质量发展，全面提高渔业质量效益和竞争力，为建设现代化渔业强国贡献力量。

拓展海洋渔业发展空间　打造“浙江深远海养殖产业集聚示范区”

杨大海[1]　徐晓林[1]　周朝生[2]　郭远明[3]　杨亮杰[1]　谢建军[3]
1 浙江省农业农村厅；2 浙江省海洋水产养殖研究所；
3 浙江省海洋水产研究所

习近平总书记作出了树立大食物观的重要论述，向江河湖海要食物是大势所趋。深远海养殖是指在远离大陆岸线 3 海里以外或水深 20 米以上海域进行工程化设施养殖，主要包括深水网箱（包括坐底式、全潜式、升降式等）、围栏、养殖平台、养殖工船等，美国率先于 20 世纪末开始探索，目前有 20 多个发达国家先后涉足，其中挪威三文鱼、日本金枪鱼深远海养殖设施与技术相对先进。我国自 2000 年开始发展深远海养殖。浙江省依托丰富的岛礁资源，主导发展工程化围栏、抗风浪深水网箱，取得了明显成效。

一、浙江省深远海养殖的发展现状

随着浙江省“海洋强省”战略的推动，基于海水养殖业良好的产业基础，以大黄鱼为主导品种的深远海养殖在浙江沿海各地逐步兴起，规模逐步壮大，产业集群效应初步显现。

（一）产业分布广、规模大

布局从南到北，54 个养殖主体分布在舟山群岛，台州大陈岛、中鹿岛，温州鹿西岛、北麂岛和南麂岛等周边海域。共有 45～100 米周长的深水网箱 2 134 只，养殖水体 728 万立方米；工程化围栏

13 座，养殖水体 1 260 万立方米。大黄鱼已成为浙江省海水养殖鱼类第一大品种，2021 年养殖产量 3.23 万吨、产值近 34 亿元。

（二）产业链初步成型

形成了从种苗、饲料、养殖、装备到加工、流通的产业链，选育了“东海 1 号”“甬岱 1 号”2 个岱衢族大黄鱼新品种，涌现出“舟山大黄鱼”“大陈岛大黄鱼”和“南麂岛大黄鱼”等知名品牌。深远海养殖的大黄鱼品质接近野生，每千克售价 100～600 元不等，远高于传统养殖大黄鱼，深受市场欢迎。

（三）模式不断创新

在原有设施养殖基础上，汲取经验不断改进，积极探索新的装备和模式。台州大陈岛管桩式围栏已成功运营多年并实现盈利；温州鹿西岛开发的周长 300 米的柔性网箱已养成 1.5 万千克大黄鱼，声波无网围栏已进入试验阶段；台州大陈岛单点系泊平台已在竹屿岛附近下水进行工况测试；舟山东极岛可升降式船型平台已进入论证阶段；舟山嵊泗可升降式“嵊海 1 号”网箱经历住了“利奇马”等台风的考验，为“嵊海 2 号”的设计研发积累了宝贵经验。

（四）政府部门高度重视

组织开展了浙江省深远海养殖适养区选划和布局规划，积极推动成立院士工作站，组建大黄鱼产业技术创新服务团队，实施“蓝色粮仓”科技攻关，“深远海高海况网箱工程关键技术开发及应用”列入省“尖兵”“领雁”研发攻关计划项目榜单，助力企业投资兴业和创新发展。

（五）民间资本投资活跃

浙江省现有的 54 个深远海养殖主体均为民间工商资本，投资额从几百万元至数亿元不等，如玉环市中鹿岛海洋牧场科技发展有限公司投资 2.2 亿元、浙江东一海洋集团有限公司投资 2.3 亿元，近期阿里巴巴集团、绿城集团均开始涉足深远海养殖，将为浙江省深远海养殖注入新的活力。

二、浙江省打造深远海养殖产业集聚区的定位与优势

浙江具有开展深远海养殖的天然优势，政府积极引导、民间踊跃参与，为打造深远海养殖产业集聚区奠定了良好的基础。

（一）发展空间

浙江“七山一水二分田”的陆地地形导致内陆养殖空间受限，拓展深远海养殖向大海要食物是必然趋势。浙江海域面积26万平方千米，大于500平方米的岛屿3 061个，众多岛屿为开展深远海养殖提供了良好的庇护，随着养殖技术和装备的不断改善，发展深远海养殖的潜力和空间在不断释放。

（二）发展优势

一是品种优势，深远海养殖是高成本高风险养殖产业，选择价值高、市场消费群体基数大的品种是首要条件，而浙江海域是大黄鱼传统繁育场、越冬场和索饵场，有利于养殖近“野生”的高品质大黄鱼。二是品质优势，相比传统近岸网箱养殖的大黄鱼，浙江深远海养殖大黄鱼体型更修长，色泽金黄，无土腥味，口感滑润，得到市场广泛认可。三是区位优势，深远海养殖的高品质大黄鱼需要广泛的市场需求支撑，浙江省地处长三角南翼，有充分的创新与市场开拓能力，有利于把深远海大黄鱼打造成浙江“金名片”。

三、面临的困难和问题

深远海养殖由于所在海域的自然属性及养殖业自身的特点，资金需求量大，装备和技术要求高，不少关键技术尚未完全突破，在一定程度上阻碍了产业发展速度和质量效益。

（一）项目投资大，企业融资难

深远海养殖工程量大，且装备量产化程度低，资金需求量大。前期投资动辄数百万元，多的达数亿元，但是养殖业较难获得银行

信贷支持，养殖设施也难以抵押贷款，造成融资困难。

（二）技术要求高，科研基础弱

东海台风多、自然灾害影响大，深远海养殖设施抗风浪要求高、海上作业面临的问题复杂，但是对设施材料、海况风险、建造和维护技术等方面的研究明显滞后，同时养殖鱼种优选优育、病害防治、捕捞等配套技术亟待加强。

（三）申请手续繁，审批周期长

开展深远海养殖须通过海域使用论证、环境影响评价等审批，涉及政府多个部门，加上前期的海洋环境状况基础调查，一般至少需要 1 年时间，如温州丰和海洋开发有限公司 2013 年开始申请开展深远海养殖，直到 2019 年才完成全部流程审批并建成投产。

（四）投资风险大，企业投保难

浙江沿海台风多发，风险隐患大。如 2021 年“烟花”台风造成舟山市悬山海洋牧场有限公司围栏损毁，50 万尾养殖大黄鱼逃逸，损失近亿元；温州市柴屿渔业开发有限公司 2018 年起连续 3 年因台风损失近 1 200 万元。而目前海水养殖保险的财政补助有限（国家未出台补助政策，仅靠省和相关县财政支持，企业自付比较高），且现有的气象指数保险不能保障养殖设施装备和鱼类病害，影响了企业参保意愿。

四、下一步发展的对策建议

牢固树立大食物观，立足浙江海洋大省实际，科学谋划深远海养殖，加快科技创新，推进产业集聚，强化政策保障，使其成为渔民增收、渔区共富新标杆，推进浙江“两个先行”。

（一）加强产业研究

密切跟踪养殖工船等国内外最新深远海养殖模式与技术，推动产学研结合，加强技术研发应用。根据浙江省沿海台风灾害多发的实际情况，引导发展下潜式深水网箱和围栏养殖。根据浙江省海域特点和基础条件，组织编制《浙江省深远海养殖发展规划》，明确发展方向、区域和重点，推进产业持续稳定健康发展。

（二）建设产业集聚区

对标青岛国家深远海绿色养殖试验区，充分发挥浙江民间资本活跃的优势，集成浙江省现有基础条件，深度开发浙江大黄鱼作为“国鱼”的品牌价值，打造浙江深远海养殖大黄鱼产业集聚区，建设“大黄鱼小镇”，形成渔工贸旅一体的产业体系，把大黄鱼打造成浙江海洋渔业高质量发展的“金名片”。

（三）强化政策扶持

充分利用好乡村振兴、产业发展等各类基金、财政补助资金、民间社会资金，共同支持深远海养殖发展，同时完善深远海养殖保险，发挥政策性互助保险降风险、保发展的兜底作用。

谈大食物观背景下向江河湖海要食物

卢昌彩
台州市港航口岸和渔业管理局

“国以民为本，民以食为天。”习近平总书记提出的“大食物观”，顺应了人类发展的大历史观，体现了人与自然和谐共生的资源观，折射出以人民为中心的发展思想。水产品是重要的、特色鲜明的食物品种，是居民摄取动物蛋白的重要来源，在大食物结构中占有十分重要的地位。大食物观拓展传统粮食边界，赋予渔业发展新的内涵和新的要求，要准确把握习近平总书记“大食物观”重要论述，从新的视角深刻认识渔业在大食物观中的地位和作用，以大食物观指导向江河湖海要食物。

一、大食物观背景下向江河湖海要食物的崭新机遇

大食物观是我国传统食物安全观的发展和演进，是指围绕人民群众膳食结构的改善需求和全方位、全周期的健康需求，提供足够、健康、营养、安全的多元食物。习近平总书记“大食物观”的重要论述，为向江河湖海要食物提供了崭新机遇。

（一）粮食安全

美国前国务卿基辛格博士曾说过，“谁控制了粮食，谁就控制了人类。”粮食安全是“国之大者”。水产品是优质粮食，蛋白质含量是谷物的 2 倍多，比肉禽蛋高五成。过去 30 多年来，我国水产品总产量从 1989 年的 1 333 万吨增加到 2021 年的 6 690 万吨，年均增

速 5%；其中水产养殖产量从 693 万吨增加到 5 394 万吨，年均增长率为 6.4%，水产品尤其是水产养殖产品为我国粮食安全作出了重要贡献。百年变局、世纪疫情、俄乌冲突相互叠加，经济全球化遭遇逆流，大国博弈日趋激烈，国际粮价大幅飙升，在此背景下为保障粮食安全，既要坚守 18 亿亩[①]耕地红线、确保粮食产能，更要向江河湖海要食物，多元保障食物供给安全。

（二）多元需求

随着全面建成小康社会和生活水平不断提升，人民群众的食物消费结构逐渐由“吃得饱”向“吃得好、吃得营养、吃得健康、吃得均衡”转型升级，对饮食的安全、营养、健康需求日益凸显。统计显示，我国食物人均消费量从 1978 年的 515 千克增长到 1 400 千克，而原粮人均消费量则由 1978 年的 247.8 千克下降到 130 千克。水产品是高质量的蛋白质，富含人体需要的不饱和脂肪酸，对人类健康非常重要，其消费趋于逐年增加趋势。我国人均水产品消费量由改革开放初期的 2.5 千克增长到接近 30 千克，水产品为城乡居民膳食营养提供了 1/4 的优质动物蛋白，但人均消费量仍然低于我国“膳食宝塔”推荐的居民水产品摄入量。我国水产品消费潜力巨大，向江河湖海要食物大有可为。

（三）潜力巨大

我国宜渔的湖泊、水库、江河面积近 400 万公顷，发展内陆大水面渔业前景广阔。我国拥有 300 万平方千米主张管辖海域，舟山、黄渤海、南海、北部湾四大渔场举世闻名，海域生物种类繁多，海洋生物有 2 万多种，其中鱼类约 1 700 种、虾类 300 多种、蟹类 600 多种、头足类 90 多种，构成主要捕捞对象的有 100 余种，年可捕量为 800 万～1 000 万吨。海洋生物资源具有总量大、可再生等特点，随着工程技术和生态技术突破，拓展深远海养殖、建设海洋牧场成

① 亩为非法定计量单位，15 亩=1 公顷，下同。

为可能，蓝色农业更具发展空间。

二、大食物观背景下向江河湖海要食物的路径选择

向江河湖海要食物，关键要以习近平总书记“大食物观”重要论述为指导，以深化渔业供给侧结构性改革为主线，以渔业科技创新为根本动力，以满足人民群众对优质水产品需求为根本目的，以绿色低碳循环渔业发展为导向，坚持数量和质量并重、生产和生态协调、发展和安全统筹，推动形成同市场需求相适应、同资源环境承载力相匹配的渔业生产结构和区域布局，不断提升渔业初级产品稳产保供和质量效益，助力渔区共同富裕，为改善膳食营养结构、保障食物有效供给、建设“健康中国”作出新贡献。

（一）优化调整近海捕捞业

把生态优先战略贯穿于近海捕捞全过程，重点放在提升渔获物规格和品质上，坚持走科学保护与合理利用相结合的发展道路。坚持严格控制海洋捕捞强度和实施海洋渔船及装备设施更新改造两手抓，深化实施海洋渔业资源总量管理，优化近海捕捞作业结构，重点压减对资源杀伤力强的张网、拖网类作业渔船，积极转向钓业、围网等选择性好的作业方式。实施重要经济鱼类最小可捕标准及幼鱼比例管理，发展负责任捕捞，向市场提供合法合规的捕捞水产品。科学测算重点海区渔场生产力，推动限额捕捞试点扩大到整县或整个海区，促进海洋捕捞强度与渔业资源的可再生能力相适应，为人民群众源源不断地提供天然优质海洋捕捞水产品。

（二）大力开拓深远海养殖

“十三五”以来，我国水产养殖面积平均每年减少130万亩，传统养殖空间日趋受限，深远海养殖已成为向江河湖海要食物的重要途径。借鉴10万吨级的“国信1号”、海南民德养殖工船、中集来福士“经海004号”智能网箱投产等深远海养殖开拓经验，充分利用我国深远海养殖资源，加强深远海大型装备养殖试验，推进自动

饲喂、环境调控、产品收集、疫病防治等集成技术推广应用，提高单位水体产出率、资源利用率、劳动生产率，将深远海养殖打造成技术先进、装备优良、生态和谐的新型养殖业，使深远海成为我国环保、碳汇、装备技术先进的养殖海产品生产优势区。

（三）发展大水面生态渔业

水产养殖与环境保护是可以兼顾的。中国淡水养殖以草食性、滤食性、杂食性鱼类为主，每年从淡水中固定二氧化碳约180万吨，在“双碳”发展战略下为淡水养殖蹚出了新路。贯彻农业农村部等三部门发布的《关于推进大水面生态渔业发展的指导意见》，将大水面生态渔业与流域生态保护有机结合起来，科学规划大水面生态渔业发展，合理确定大水面生态渔业发展空间，依法合理开发利用淡水湖泊、水库等水域资源，强化基于生态系统的管理，推广以养殖容量为基础的生态健康养殖技术和模式，科学发展生态环保网箱，妥善处置残饵和粪污，严格控制底层扰动性鱼类和草食性鱼类，鼓励在湖泊水库发展以滤食性、草食性鱼类为主的增养殖型渔业，把浮游生物转化为渔产品，实现以渔控草、以渔抑藻、以渔净水，保障生态环境安全和水产品质量安全，把我国大水面打造成生态和品质优良、产业融合发展的内陆生态养殖生产优势区。

（四）高质量建设海洋牧场

建设海洋牧场既是保护海洋生态和修补渔业资源的良策所在，也是增强海洋天然捕捞产品供给有效途径。贯彻落实《国家级海洋牧场示范区建设规划（2017—2025年）》，通过分批创建、典型示范、辐射带动推动人工鱼礁投放、水生生物增殖放流、底播增殖和海藻种植等，实行“养海牧渔”，补充生物种群，增强水域生态功能，提高海域渔业生产力。同步推进海洋牧场可视化、信息化、智能化建设，创新海洋牧场建管模式和评估方法，使海洋牧场提供食物看得见、摸得着。

（五）积极参与全球渔业合作

积极参与全球渔业治理，统筹利用好两个市场、两种资源，鼓励远洋渔业企业兼并重组做大做强，推动远洋渔船更新改造和“机器换人”，巩固提升公海渔业，稳妥有序发展极地渔业，做优做强过洋性渔业，推动我国渔业企业加强同“一带一路”沿线重点国家和地区的合作，积极开展对外水产养殖技术合作，推动水产养殖“走出去”战略实施，促进远洋渔业和对外渔业合作高质量发展。引导企业逐步提高自捕鱼运回比例，促进远洋渔业全产业链发展。

三、大食物观背景下向江河湖海要食物的保障措施

大食物观是构筑我国大食物格局的指南针，也是指导新时代现代渔业发展的新理念。要提高政治站位，抓好顶层设计，深入研究向江河湖海要食物的保障措施。

（一）强化政策扶持

按照树立大食物观的要求，实施基本养殖水域保护制度，编制向江河湖海要食物专项规划，调整中央渔业发展补助资金投资导向，统筹用好一般性转移支付，引导金融信贷投向，推行渔业政策性保险，研究新拓展空间的产权、使用和管理以及相关税费等，支持推进深远海养殖发展、海洋牧场建设、渔船更新改造，提升国际履约能力，立法保障江河湖库的养殖方式和养殖空间，全方位向江河湖海要食物。

（二）强化科技攻关

举全国渔业科技力量，重点突破向江河湖海要食物涉及的基础研究、关键技术研发和示范应用推广，重点加强养殖生物学基础研究，深化大水面养殖容量研究，筛选适合深远海养殖的品种，攻克养殖装备和设施及其配套健康养殖技术，加强育种基础理论、原创性技术、突破性新品种研发，构建育繁推一体化的鱼类种业体系，积极解决“卡脖子”技术，实施好水产种业振兴行动，为向江河湖

海要食物提供科技支撑。

（三）强化资源养护

开展江河湖海生物多样性本底调查、种群遗传结构分析、监测评估，为完善休禁渔制度和资源养护提供支撑。坚持并不断完善海洋伏季休渔制度，优化调整水产种质资源保护区，有效保护重要水产种质资源及其栖息环境。持续推进长江“十年禁渔”，助力长江经济带建设和“共抓大保护、不搞大开发”。完善黄河等内陆重点水域禁渔期制度，推动实施黄河水生生物资源与环境调查，强化黄河水生生物资源管理制度措施。加强外来水生生物入侵防范和治理，维护我国江河生态安全。

（四）强化渔政执法

聚焦长江禁捕、涉外渔业、休禁渔管理、黄河流域生态保护和高质量发展等，健全渔政执法体系，提升渔政执法能力，强化“中国渔政亮剑”专项执法行动，提升行刑衔接效率，严厉打击使用电毒炸、“绝户网”等严重违法行为，积极参与和支持国际社会打击非法、不报告和不管制（IUU）捕捞有关工作，保护好向江河湖海要食物的渔业资源和生态环境。

（五）强化宣传引导

主动加强与新闻媒体的沟通合作，进一步发挥“两微一端”等新兴媒体的作用，汇聚社会各界智慧和力量，多渠道、多形式宣传报道大食物观和渔业高质量发展关系，开展全国性水产品消费知识宣传和国民营养教育，增强国民水产品消费意识，讲好中国渔业故事，进一步唱响向江河湖海要食物的主旋律。

二等奖作品

树立大食物观 推动长江十年禁渔行稳致远

任甜甜

农业农村部长江办

自2021年1月1日起，长江流域重点水域实行暂定为期10年的常年禁捕，其间禁止天然渔业资源的生产性捕捞。长江十年禁渔是贯彻落实习近平总书记关于“共抓大保护、不搞大开发”的重要指示精神，保护长江母亲河和加强生态文明建设的重要举措，是为全局计、为子孙谋，功在当代、利在千秋的重要决策。但在实践中，人民群众难免会有疑问，十年禁渔如何能为群众提供更高质量的水产蛋白质，如何能满足人民群众对美好生活的需要？十年期满后，长江渔业将走向何方，如何能够实现渔业的绿色高质量发展？

一、大食物观与长江十年禁渔是有机统一的整体

2022年全国两会期间，习近平总书记指出，要树立大食物观，从更好满足人民美好生活需要出发，掌握人民群众食物结构变化趋势，在确保粮食供给的同时，保障肉类、蔬菜、水果、水产品等各类食物有效供给，缺了哪样也不行。大食物观是新时期新发展阶段实施长江十年禁渔的理念指引和行动指南，要求在保护好生态环境的前提下，从耕地资源向整个国土资源拓展，在牢牢端稳饭碗上继续发力，游刃有余地应对国际新变局。

（一）坚持“绿水青山就是金山银山”理念，实现高质量发展

大食物观的本质是农业的可持续发展、生态保护和农业现代化均衡发展。这意味着在挖掘国土资源潜力时，要多打大算盘，多算长远账，做到食物开发与生态环境保护并重，充分评估资源环境的承载力，保障山水林田湖草沙的生态安全。长江是我国重要的生态宝库，但多年来，拦河筑坝、水域污染、过度捕捞等人类活动严重威胁了长江水生生物的多样性。习近平总书记指出，“长江病了，而且病得还不轻”，强调“长江水生生物多样性不能在我们这一代手里搞没了”。十年禁渔就是要深入贯彻新发展理念，恢复长江水域生态环境，实现渔业绿色高质量发展，从而推动“绿水青山”发挥强大的生态效益、经济效益和社会效益。

（二）促进食物供给的多元化转变，优化食物生产体系

大食物观的核心是大资源观，在耕地之外，要广泛地向森林、向江河湖海、向设施农业要食物，向植物动物微生物要热量、要蛋白。长江的渔业资源曾经极为丰富，新中国成立初期，长江干流的渔业捕捞产量有45万吨，但到禁捕前，干流和两湖的捕捞量下降到不足10万吨。十年禁渔是基于人民对美好生活的向往和追求，解决的是长期以来人们过度地掠夺式地向母亲河要食物导致的渔业资源减少的问题，打破了“资源越捕越少、渔民越捕越穷、水生态越来越差”的恶性循环，给长江渔业资源休养生息和恢复增长留出了重要的窗口期。

（三）推进农业供给侧结构性改革，保障国家粮食安全

大食物观要求开拓和丰富“饮食地图”，在确保粮食供给的同时，要保障肉类、蔬菜、水果、水产品等各类食物的有效供给。从农业资源禀赋看，我国要以占世界9%的耕地和6%的淡水资源，养活全世界1/5的人口，注定了食物供求将长期处于一个紧平衡的状态。这要求在更广的维度、更高的视野上把握粮食安全，既向耕地要粮食，确保中国人的饭碗主要装中国粮，又向江河湖海要食物，

实现各类食物供求平衡。长江十年禁渔就是要借助“退捕还鱼”措施，推进农业供给侧结构性改革，推进食物供给的可持续，保障我国粮食和食物的数量安全、质量安全和营养安全。

二、大食物观为长江十年禁渔满足人民群众对美好生活的需要提供了新理念和新思路

党的十九大提出，中国特色社会主义进入新时代，我国社会主要矛盾已经转化为人民日益增长的美好生活需要和不平衡不充分的发展之间的矛盾。要从更好满足人民美好生活需要出发，掌握人民群众食物结构的变化趋势，这是大食物观的立足点，也是长江十年禁渔满足人民群众日益增长的多元化的食物消费需求的落脚点。

（一）从“粮食”到“食物”，丰富人民群众的饮食结构

大食物观以“食物”替代“粮食”，是对传统以粮为纲观念的突破，拓展了传统的粮食边界。2021 年，我国人均 GDP 为 12 551 美元，正处于从中高收入迈向高收入的阶段，在食物消费结构上呈现出口粮消费下降，蔬菜、水果和动物产品消费持续增加的趋势。换言之，老百姓的食物需求更加多样化了，主食越来越不“主”，副食越来越不“副”，既要装满“米袋子”，又要保障“肉盘子”“菜篮子”“奶箱子”“糖罐子”等。大食物观要求坚持以人民为中心的发展思想，以满足人民群众对美好生活向往为出发点，让人民群众不仅“吃得饱”，还要“吃得好”“吃得营养”。

（二）增加动物蛋白消费，满足人民群众高品质生活需求

与《中国居民膳食指南（2022）》推荐量相比，我国居民的动物蛋白消费，不仅数量尚未达标，而且在结构上亟待优化，肉类占比偏高、水产品和奶类占比较低。为了满足和提升人民的动物蛋白需求，就要将动物蛋白生产从耕地资源向整个国土资源拓展，形成同市场需求相适应、同资源环境承载力相匹配的水产养殖业生产格局。长江十年禁渔就是要通过综合性的资源养护措施，探索顺应自

然、尊重自然和保护自然的绿色发展道路，为长江产出数量更多质量更高的“蛋白质”打下基础，为当代乃至子孙后代享受长江母亲河馈赠的高品质食物提供可能。

（三）理顺“养”和“吃”的关系，促进渔业可持续发展

随着长江十年禁渔的推进，长江渔业资源得到一定的恢复和增长，长江水生态逐渐向好。十年禁渔后期，我们不得不面临新的课题——“养”和“吃”的问题，所谓的“养”指的是渔业资源的养护，“吃”指的是人民群众对优质水产品的需求。树立大食物观，就是在禁渔十年后处理好渔业资源恢复性增长、资源环境承载力和合理开发利用之间的矛盾，处理好人们对野生淡水鱼类传统消费、饮食理念和让人民吃得好、吃得健康之间的矛盾，处理好向江河湖海要食物和生态优先绿色发展之间的矛盾，为“吃”而“养”，因“养”而满足人民群众对长江水生态的要求和对优质水产品的需要，因“养”而实现渔业绿色可持续发展。

三、树立大食物观，形成同市场需求相适应、资源环境承载力相匹配的现代渔业发展模式

（一）坚持生态优先，保持十年禁渔的战略定力

大食物观坚持生态优先原则，要求从农业可持续发展基本理论出发，推动粮食生产体系从以高产目标主导向以绿色生态为主转变。因此，树立大食物观绝不是只“吃”不“养”，不是对大自然的无止境的索要和掠夺，而是要求人与自然的和谐统一。相应地，向江河湖海要食物不应局限于此时此刻此地，应该保持十年禁渔的战略定力，不能因为向江河湖海要食物而忽略长江鱼类生长的自然规律，进而简单地改变现有的政策。十年后也不能盲目地简单地放开，也应该坚持生态优先，从满足人民美好生活需要出发，在考虑市场需求的同时，也要考虑资源环境承载力，综合衡量和评价长江渔业资源状况和水生态健康状况后另行制定政策。

（二）坚持科技驱动，优化利用长江水产种质资源

大食物观要求向科学技术要生产力，加强科技支撑，优化利用长江水产种质资源，提升渔业科技水平，推动水产品供给向更加多元化供给转变。以十年渔业为契机，改变原有的资源和劳动密集型渔业作业方式，建立资源节约型、环境友好型、可持续的生产方式，促进长江渔业转型升级。树立大食物观，以保护与开发并举、生产与生态并重为出发点和着力点，以市场为导向，在 2021 年第 1 次水产养殖种质资源普查的基础上开展抢救性的收集保护，聚焦良种、良法、良技，在长江水产种质资源的质上下功夫，在长江渔情和水情上下功夫，在渔业科技化、智能化和信息化上下功夫，促进渔业增产增效、丰产丰收。

（三）发挥资源禀赋，打造向江河湖海要食物的长江实践

大食物观强调资源利用的合理性，要求根据地形地貌、气象水文、土壤类型、产业基础等资源禀赋和资源环境承载力，优化现代农业生产结构和区域布局。人的发展与自然环境密不可分，树立大食物观，就是要从人类发展、世界发展以及人与自然和谐共生等更高维度和更广阔视野，来思考长江流域的渔业资源保护管理与养护利用制度。长江十年禁渔，并不等同于无为而治，而是应最大限度地发挥长江原有的资源优势。各地应因地制宜、因时制宜、宜渔则渔，以渔业为基础，参考千岛湖模式，融合本地区其他优势产业资源，打造独辟蹊径、别具一格、不同凡响的大水面生态渔业典型。立足长江资源禀赋，开拓和丰富长江淡水水产品地图，优化水产品生产和加工体系，向更加丰富的生物资源拓展，在充分评估资源环境承载力、保障山水林田湖的生态安全的前提下，挖掘长江流域动物、植物、微生物等生物种质资源潜力。

悠悠万事，吃饭为大，民以食为天。我国已实现从“吃不饱”到“吃得好”的历史性转变，大食物观顺应了我国居民食物消费结构变化趋势，要求我们全方位、多途径开发食物资源，推动食物供给由单一生产向多元供给转变。长江十年禁渔为现代渔业转型发展创造了全新机遇，要坚定不移贯彻新发展理念，建立一套产权清晰、制度完善、机制高效的新型渔业发展和管理模式，构建种养加、产供销协调发展的渔业生产结构和区域布局，为满足人民群众日益增长的多元化的食物消费需求做出新探索和新实践。

“大食物观”下我国水产养殖业高质量发展面临的机遇、挑战及对策

任源远
中国水产科学研究院

2022 年 3 月 6 日习近平在看望参加政协会议的农业界、社会福利和社会保障界委员，并参加联组会时提到“要树立大食物观”。大食物观是党中央粮食安全观念的战略性转变和历史性演进的体现，它拓展了传统的粮食边界，推动传统粮食安全向食物安全转变，关注数量安全的同时关注质量安全，使我们从更广的维度把握粮食安全，已成为我国粮食安全战略的重要组成部分。

水产品是重要的农产品，是粮食安全的重要组成部分，在食物结构中具有十分重要的地位。大食物观为渔业发展提供了新的机遇，同时提出了新的更高要求。对于渔业而言，践行大食物观，就是在确保粮食供给的同时，保障水产品有效供给，向江河湖海要食物，宜渔则渔，全方位、多途径、高质量、可持续地开发渔业食物资源，为消费者提供更加安全、更加丰富多样、更加营养健康的水产品，更好满足人民群众日益多元化的食物消费需求。水产品的主要来源途径有两种：养殖和捕捞。中国水产品总量中约 80%的产品来自水产养殖，中国养殖水产品占世界水产品养殖总产量的 60%，所以高质量发展水产养殖业对践行大食物观和保障粮食安全至关重要。

一、发展水产养殖业具有重要的战略意义

（一）发展水产养殖业对稳产保供和保障粮食安全贡献大

水产品是优质动物蛋白的重要来源，是人类获取优质蛋白源的重要手段，在解决食物匮乏、提高人类身体素质方面发挥重要作用。2021 年，全国水产品总产量达 6 690.29 万吨，其中水产养殖产量达 5 394 万吨。中国水产养殖业的快速发展为解决居民“吃鱼难”、保障优质动物蛋白的供给、提高居民营养健康水平和促进全球水产品有效供给等作出了重要贡献。特别是在新冠肺炎疫情的冲击下，中国依然保持了水产品稳定供应，水产养殖对“菜篮子”产品稳价保供贡献突出，在保障粮食安全方面起到重要的支撑性作用。

（二）发展水产养殖业对保障生态安全和实现双碳目标贡献大

发展水产养殖业可以降低对天然水域水生生物资源的利用强度，有利于保护野生资源与生物多样性，有利于自然生产力的开发利用，是生态安全的重要保障。良好的水产养殖甚至有助于减少其他活动和产业对水生环境的负面影响，科学合理的养殖方式对水生态环境还有净化修复的作用。研究表明，我国海水养殖中贝藻类以及淡水养殖中的鲢鳙等滤食性鱼类对环境有着良好的净化修复作用。海水养殖贝类及藻类在全球生态系统中起到非常重要的碳汇作用。唐启升院士团队最新研究结果表明，近 20 年我国近海贝藻养殖碳汇量有较大幅度的增加，总碳汇量从 2001 年的 394 万吨增加到 2020 年的 659 万吨；净碳汇量从 2001 年的 255 万吨增加到 2020 年的 430 万吨。水产养殖业发挥现实、高效、有价值的增汇作用，助力实现碳达峰、碳中和目标。

（三）发展水产养殖业对助农增收和乡村振兴贡献大

随着科技进步和养殖模式创新，水产养殖单位面积产出效率越来越高，是名副其实的高效农业。研究表明，渔业劳动生产率、单

位面积产值、单位劳动力产值高于大农业，渔业单位劳动力创造的水产品产量远高于猪牛羊的产量。在当前全球粮价上涨，我国饲料粮进口依赖度持续增加的情况下，水产养殖业在投入产出方面优势明显，可使用更少的资源生产出更多的优质蛋白质。水产养殖业已成为渔业增效、渔民增收、农村劳动力就业及农村精准扶贫的重要抓手，是一些农村地区维持社会稳定与提高经济发展的支柱型产业。近年来，水产养殖业产值一直保持稳步增长，从 2017 年的 9 183.65亿元，到 2021 年的 11 775.45 亿元，前后增长了近 28.2%，成为当下最有增长潜力的产业之一。水产养殖不仅为渔民带来经营性收入，还可通过带动水产品加工、餐饮、文旅等产业发展，直接或间接促进农民增长，在助力乡村振兴、促进共同富裕中发挥重要作用。

二、"大食物观"为水产养殖业高质量发展提供新机遇

（一）养殖水产品市场需求不断增长

"大食物观"理念强调在确保粮食供给的同时，保障各类食物有效供给，实现各类食物供求平衡。随着我国经济持续健康发展、城乡居民收入提高和城市化进程加快，人民生活水平和膳食结构也逐步改善，人们对水产品的需求量处于逐年增长态势。近年来，我国居民对水产品消费需求量持续增加，由于受到天然水域水生物资源量的限制，捕捞业产量有限，因此水产品的市场需求将更多依赖于人工养殖，中国水产养殖业在渔业生产中已占主导地位，水产养殖规模稳定增长。数据显示，中国水产养殖由 2017 年的 4 905.99 万吨增长至 2021 年的 5 394.41 万吨。2021 年全国水产品人均占有量达到 47.36 千克，上涨 2.09%。农业农村部食物与营养发展研究所的研究结果表明，2021 年，我国人均水产品的消费量为 22.8 千克，但仍然低于我国"膳食宝塔"推荐的居民水产品摄入量，我国

水产品消费潜力巨大。

（二）水产养殖科技创新加快发展

落实“大食物观”离不开科技创新和技术的革新。要通过科技的牵引和支撑作用，把好水产养殖育种关、产业关、质量关，向江河湖海要食物。近年来，在大食物观的指引下，以科技创新为抓手，水产养殖业正在加紧转方式、调结构，在新品种培育、病害防治、水产疫苗研发和推广、生态健康养殖模式和技术、渔业节能减排、渔业信息化等领域积极作为寻求突破。水产养殖业高投资回报率的特点吸引了众多互联网企业等社会资本纷纷投资设施渔业，把物联网等信息技术与渔业生产、流通等深度融合，有效降低养殖风险，加快渔业现代化步伐。

（三）水产品质量安全更加有保障

“大食物观”的本质是吃得好、吃得安全。践行大食物观对水产品质量安全提出了新的更高要求。近年来，在落实大食物观的实践中，水产品质量监管法律法规更加完善，水产养殖标准化生产持续推进，水产品质量安全监管措施不断加强，产地水产品与市场监测频率持续加大，企业规范程度大幅提升，使得养殖的水产品安全质量让消费者更加放心，进一步促进水产品消费。

三、“大食物观”下我国水产养殖业高质量发展面临的主要挑战

（一）水产养殖空间不足，生产布局不尽合理

随着社会的发展，新型城镇化、工业化的快速推进，一些优良的养殖水域、滩涂等大量被占用，水产养殖水域空间受到严重挤压。2021 年，全国水产养殖面积 700.94 万公顷，同比下降 0.38%。水产养殖布局不尽合理，超容量超规划养殖较为常见，部分地区近海养殖网箱密度过大，水库、湖泊中的养殖网箱网围过多过密，而一些可以合理利用的空间（如深远海、水稻田、低洼盐碱地等）却

开发利用得不够。

（二）主体生产方式落后，产业结构有待优化

目前，我国水产养殖业仍然是以中小规模的养殖户为主，粗放式养殖较多。这些水产养殖业往往基础设施简陋、陈旧、经济基础脆弱，机械化程度低，缺乏现代化、高层次养殖生产所必需的物质条件和综合经营规模，生产和管理都较为分散，抵御风险能力差。传统养殖方式和管理与现代渔业不相适应，盲目追求高产，会造成病害频发，影响养殖产量和效益，不利于养殖业的健康发展。

（三）饲料蛋白源紧缺，水产养殖成本高

在全球气候变化、疫情持续、俄乌冲突、印度禁令政策的背景下，世界粮食紧缺，鱼粉、豆粕等饲料原料价格不断上涨，造成水产养殖饲料成本大幅增加。我国是世界上第一水产养殖大国，饲料原料的消耗量巨大，而养殖行业大而不强，养殖效率低下。国内饲料养殖行业整体仍处于粗放经营阶段，饲料配方技术和加工技术较世界先进水平有较大的差距。目前仍存在每年约 3 000 万吨以饲料原料投喂的现象，粗放的水产养殖方式导致养殖成本高，资源浪费、环境恶化。

（四）种质资源退化，缺乏优良适养品种

我国水产种业育种体系尚不健全，当前国内水产育种技术主要以群体选育和杂交育种为主，随着多代选育，会出现生产性能提高缓慢和近交衰退的现象。此外，国内规模化的苗种公司数量不足，很大一部分水产养殖苗种来自个体养殖户和小型苗繁厂，个体的苗繁厂或者小的苗繁厂近亲繁殖、种质退化的现象严重，导致苗种质量参差不齐，病害多发。优良新品种、适养品种和专门化品种缺乏，新拓展的渔业生产空间大多与传统的养殖空间在生产条件和环境要素方面差异较大，不论是盐碱水域还是离岸深海，新的养殖环境和养殖模式需要新的适养良种。

（五）生产过程不规范，质量安全隐患仍然存在

我国水产品质量安全风险隐患在一些地方、一些品种上仍然存在，禁用药物仍在使用，用药休药期规定仍未有效执行。有部分企业故意以“非药品”“动保产品”等名义，将应按照兽药、饲料和饲料添加剂管理的产品“改头换面”，规避政府监管，有的产品掺杂使假，造成养殖水产品的质量安全隐患和环境问题。此外，执法监管手段有限，面对分散养殖和产品流通经销，监管难于完全到位。

四、“大食物观”下水产养殖高质量发展有关建议

（一）拓展养殖空间，优化生产布局

毫不动摇地大力发展水产养殖产业，稳定池塘和近海水产养殖面积，全方位多途径开发江河湖海宜渔水域，积极探索大水面生态渔业、离岸深海设施养殖、稻渔综合种养、盐碱地水产养殖等多种模式，因地制宜制定符合实际的水产养殖模式。加快落实养殖水域滩涂规划制度，优化养殖生产布局，明确养殖的禁养区、限养区和可养区，让养殖生产和生态环境更加协调。

（二）推动转型升级，提升产出效益

着力推动传统粗放养殖逐步向科学精养模式转变，加快推进池塘标准化改造，推动工厂化循环水、生态环保网箱等设施渔业发展，发展并推广新型高效绿色健康的养殖模式和技术，如多营养级立体综合养殖、稻渔综合种养等，“藏鱼于水”“藏渔于技”，提升水产养殖单位面积产出效益。

（三）构建多元饲料供应体系，降低养殖成本

提升饲料饲喂效率，优化饲料配方结构，在满足产品品质的前提下，一部分原料选择价格相对较低功能类似的产品进行替代。例如使用经过发酵法、酶化法等方式加工处理后的动物性蛋白去替代

饲料配方中的鱼粉；使用杂粕来替代豆粕等常规植物蛋白；使用富含油脂的籽实类原料及动物油脂来部分替代豆油。同时，加强一碳蛋白等新型饲料原料的开发利用。

（四）加快育种创新攻关，培育适养良种

加强联合攻关，提升育种技术水平，实现精准、高效育种，确保所培育品种符合产业发展和市场需求。大力开展适合深远海养殖、盐碱水域养殖的水产品种开发和新品种培育，研制出适合不同环境条件养殖的水产新品种。研究制定水产新品种知识产权保护制度，建立健全我国水产种业育种体系，推进水产种业振兴。

（五）强化生产监管，确保产品质量安全

加强对养殖水产品的检验检测和执法监管，守住渔业发展底线。强化水产养殖用饲料、兽药等投入品质量的监管，加强水产养殖用药指导与宣传，严厉打击制售假劣水产养殖用饲料、兽药和违法使用兽药及其他投入品的行为。

要食物　求发展　永和谐

吕俊霖
中国水产科学研究院南海水产研究所

向江河湖海要食物是一个亘古以来即被重视的话题。不仅是自然界的动植物，人类亦需借助于江河湖海维持自身生存。江河湖海与我们息息相关，牵一发而动全身。

在自然界中，向江河湖海要食物是许多生物赖以生存的手段。众所周知，地球上海洋与陆地的比例约为7∶3，海洋是地球上含氧量最高的生态系统，算上江河与湖泊，江河湖海深深影响着地球上所有生命的活动。江河湖海不但是水循环和气体交换的重要载体，也深深影响着地球上的气候，江河湖海维系着地球大环境，给予了众多生物容身之所。

从最低等的单细胞生物蓝藻通过光合作用将二氧化碳转化为氧气开始，地球逐渐固氧，生命从此开始新一轮的繁衍进化。我们通过考古研究和对化石的分析可以得知，生物的进化由简单到复杂，由低等到高等，由水生到陆生，也就是说，陆上的生物本质上是江河湖海生物经过繁衍与变异所得的基因积累产物，实际上本源亦来自江河湖海，亦有大量的陆上物种以江河湖海中的生物为食。数亿万年积累过后，自然界的食物链逐步形成，能量自下而上层层传递，在错综复杂的食物网中，各种生物形成彼此相依、环环相扣的关系，每一层生物既以别层生物为食，又被其他生物所用，在这种情形下，最底层的分解者直接利用了江河湖海中的有机物，而上层消费者间接利用江河湖海谋生。整个生态系统被置于江河湖海的大背景之下。在江河湖海之中，稳定的生物关系构筑了欣欣向荣又不断自我完善、不断毁灭又时刻新生的水圈环境，深深影响着地球的生态平衡与生物多样性。

自然界的生物因江河湖海而生，同时也在改造江河湖海。所谓向江河湖海要食物，实际上不仅仅是索求，在这个索求被反馈的同时，江河湖海的面貌也被一点点改造，被生物重塑为有利于自身生存的模式，这种模式的塑造满足生物的长远利益，是生物向江河湖海要食物的长期策略。在短期的、不连续的对江河湖海的索求中缓慢积淀能量以形成更佳的环境，让自身的存活更具可持续性。在这种选择模式中，要食物主观上是谋求生存，但从客观上看，也构成了对江河湖海的改造。在历史的长河中，江河湖海所孕育的水生产品，极大一部分被人类捕捞、采集、食用甚至于作为用以审美的装饰物。古代人类滨水而生，逐水而居，临水而筑，甚至于就江河湖海产生相应的神明崇拜，凭着江河湖海的滋润，人类文明开始踉跄前行。

早在旧石器时代中晚期，处于原始社会早期的人类就在居住地附近的水域中捞取鱼、贝类维持生活。如 1 万年前山顶洞人的捕捞物中有草鱼和河蚌以及可能通过交换得到的海蚶。在新石器时代，人类的捕鱼技术和能力有了相当的发展。从这一时期出土的各种捕鱼工具可以推断此时已有多种捕鱼方法。沿海地区除采捕蛤、蚶、蛏、牡蛎等贝类外，也已能捕获鲨鱼那样的凶猛鱼类。商周时期即有“东狩于海，获大鱼”的记载，而甲骨文中的“渔”字形象地勾画了手持钓钩和操网捕鱼的情景。在河南安阳殷商遗址出土的文物中，发现了铜鱼钩，还有可以拴绳的骨鱼镖。滨水而居的百姓也各有其神灵崇拜，如河伯、冯夷以及湘君等，为远古渔业笼上了一层神秘的色彩，让江河湖海不仅仅成为祖辈的生活所安，更寄托了祖辈的精神祈愿。无数人民生活在水边长在水边，每日早出晚归，下江下海，向江河湖海要食物以谋生。对他们而言，水域不仅仅是食物的来源，更被赋予了生活的希望，有了江河湖海，就像是得到了安定、丰足和富饶的承诺。

新中国坚持“以人为本”的发展理念，以“不断满足人民群众对物质文化生活的需求”作为奋斗目标。1978 年 10 月 18 日，一篇题为《千方百计解决吃鱼问题》的人民日报社论，发出了保障水产品供给、解决“吃鱼难”问题的信号。1982 年，中共中央、国务院对农牧渔业部《关于加速发展淡水渔业的报告》的批语中指出，必须在抓住粮食生产的同时，发展畜牧和水产业，逐步而适度地改变居民的食物构成。希望各级党委和政府要像“重视耕地一样重视水面的利用”。从 20 世纪 80 年代末起，我国解决了城乡居民“吃鱼难”问题，水产品供给日趋充裕，至今保持了国内水产品市场的长期稳定繁荣，为保障我国农产品市场供给和食物安全、有效改善城乡居民营养膳食结构作出了重要贡献。

时至今日，中国已经成为全球水产养殖的主要国家，连续 32 年居世界第一。可以说，在保障食物供应，保持人均蛋白质摄入量上，中国的渔业生产功不可没，为提高中国人的身体素质作出了不可磨灭的贡献。如果说农业是支撑我国经济长期高速发展的稳定器和压舱石的话，那么渔业，则是这个稳定器和压舱石的重要砝码。

然而，长期粗放的生产方式造成了对土地的浪费和对水体的污染，对近海的高强度捕捞也造成了渔业资源的枯竭。

由于水产养殖需要用到连片的水体，而粗放的养殖方式投喂了过量的饲料，加之为了控制疾病的传播，又泼洒了大量的药物，这样一来，就会造成邻近的水体污染。另外，由于水循环的运行，还造成了地下水和土地的污染。有些地方因为养殖抽取了大量的地下水，造成了土地塌陷等次生灾害。

过度捕捞，是中国海洋渔业发展面临的另一大难题。据 2018 年的统计数字，我国小型渔船数量接近 16 万艘，占全国渔船总数的 67%，哪怕这些渔船仅仅是为讨生计，但比例如此之大，分布如此之广，必然深深地改变了人类与江河湖海的生态环境。大量幼鱼被提前捕捞，不但影响到这些鱼类自身的生殖和繁衍，还威胁到海洋里大型生物的食物来源和海洋食物链的基础。在近半个世纪以来，由于过度捕捞问题，现代渔业捕获的海洋生物已经超过生态系统能够平衡弥补的数量，整个海洋系统生态退化，许多重要渔场的渔汛已经基本消失，为此中国的捕捞船队不得不将作业范围扩大到专属经济区外以满足市场对鱼类消费的需求和贸易出口。

随着人类的无序开发和长期掠夺，江河湖海的生态环境在逐步恶化，生态系统的自我修复能力越发脆弱，岌岌可危。我们要看到，人类的命运与江河湖海的生态息息相关，唇齿相依，保护好江河湖海就是在保护人类自身。向江河湖海要食物的更好方式，是改善江河湖海的大环境，发展高质量低消耗的生产方式，促进生态系统的良好循环而不是凭借人类的强力去恣意破坏。

这是中国面临的一大难题，在保生计与护生态之间，在大开发和永发展之间，需要有一种长远的目光，并为之计谋深远。据《逸周书·大聚解》记载，大禹发布了可能是全世界最早的季节性禁渔令，“夏三月，川泽不入网罟，以成鱼鳖之长”；《吕氏春秋》就有对竭泽而渔的谴责：“竭泽而渔，岂不获得，而明年无鱼。”这说明我国自古以来就有保护生态环境，维护生态系统稳定性的观念。江河湖海是人类的起源，人类是江河湖海所孕育的孩子，必须合理地利用水生生物，而不是肆意捕捞和挥霍资源。

这要求我们树立大食物观的观念，实现人与自然的和谐共生。习近平总书记指出，要在保护好生态环境的前提下，从耕地资源向整个国土资源拓展，宜粮则粮、宜经则经、宜牧则牧、宜渔则渔、宜林则林，形成同市场需求相适应、同资源环境承载力相匹配的现代农业生产结构和区域布局。

在当前的这种情景下，秉持大食物观，就是保障生态功能基线，守好环境质量安全底线、控制自然资源利用上线，从人类本身，命运共同体和人与自然的关系等更高维度思考，从而更好地发展自身，发展人类文明，建设更加和谐、绿色、美丽的地球环境。

为加快推进水产养殖业的可持续发展，2019 年 4 月，农业农村部发布了对虾工厂化循环水高效生态养殖技术等 7 项水产养殖主推技术。当前，水产养殖模式变革已呈现向集约化和生态化发展的趋势。集约化，即设施化和智能化方向，强调用先进的养殖设施和传感器来进行养殖的精细调控。生态化，就是向绿色有机和生态环保方向发展，减少对水体的大量消耗和污染。

与此同时，相关部门和研究单位还探索出另一条路子，那就是建设海洋牧场，营造蓝色粮仓。

海洋牧场，就是在特定海域，通过人工鱼礁、增殖放流、生态养殖等措施，构建或者修复海洋生物繁殖、生长、索饵或者避敌所需场所，增殖养护渔业资源，改善海域生态环境，实现渔业资源可持续利用的模式。智能网箱和多功能海上平台都属于海洋牧场的实现形式。经过近十年的发展，我国海洋生态牧场做出了自己的特色："因海制宜"，实现了南北方海洋牧场生态环境从局部修复到系统构建的跨越；"因种而异"，实现了生物资源从生产型修复到生态型修复的跨越；"因数而为"，对海洋牧场进行实时监测和预警预报，实现了海洋牧场从单因子监测评价到综合预警预报的跨越。在海洋牧场的建设过程中，海洋生态逐渐修复，渔业资源明显增加，养殖品质稳步提升，证明我们走出了一条正确的道路。

靠山吃山，靠海吃海，靠科技推动社会进步，靠"大食物观"发展人类自身，在向江河湖海要食物的过程中求得发展，在发展中创造人与自然的和谐，这，就是我们渔业科技工作者的历史使命吧。

以“小”见“大”——从小龙虾产业看大食物观引领渔业产业变革

郭　瑶

全国农业展览馆（中国农业博物馆）

近年来，随着人民生活水平的提高，饮食消费结构和膳食偏好发生质的转型，水产品已成为居民饮食结构中不可或缺的部分。小龙虾作为近些年新晋明星水产品，短短20多年，从要被清除的外来物种一跃成为饕餮美味中的图腾，从偏居一隅、默默无闻到火遍我国夜宵经济的顶流，从几起几落、艰难求生到年产值千亿规模的地方经济支柱，演绎了现象级的美食传奇。小龙虾的“化茧成蝶”，是渔业践行大食物观的生动实践，是传统渔业实现高质量发展的成功探索，走出了一条不同寻常的发展之路，对渔业转型升级具有重要借鉴意义。

一、小龙虾是渔业践行大食物观的典范

（一）小龙虾食品为提供优质动物蛋白、改善居民膳食结构作出了积极贡献

小龙虾本身具有非常丰富的营养价值，既可以补充人体所需要的蛋白质和氨基酸，也可以补充人体所需要的脂肪酸和各种矿物成分。小龙虾蛋白质含量高达20%，脂肪含量只有0.2%。近5年，小龙虾产量以年均增长25.3%的速度快速发展，2021年产量达到263.36万吨，占我国淡水养殖产量的8.3%，位列我国淡水养殖品

种第6位。据《中国居民平衡膳食宝塔（2022）》指出，按照合理平衡膳食结构和人体健康营养需求，生鲜水产品人均消费量为每年38.5千克，并建议有条件可以优先选择。2021年我国居民广义水产品消费量为每人28.3千克，虽然与推荐水平仍存在一定差距，但比2016年的26.5千克已增加6.8%，其中小龙虾人均年消费量增加205.6%，对水产品消费提升贡献最大，为带动我国居民水产消费、优化膳食结构作出重大贡献。

（二）小龙虾食品丰富了我国居民的餐桌，托起了百姓舌尖上的幸福

人民群众对美好生活的向往，反映到生活中就是一餐一食。20世纪90年代，随着生活水平和城市化程度的提高，夜宵文化流行开来，小龙虾走上了夜宵的餐桌，成为非常受欢迎的社交食物。后来小龙虾的口味不断推陈出新，花样百出的口味充分满足大众的味蕾。外卖行业兴起后，容易配送、保鲜时间长的小龙虾更成了食客完美的选择。而今，受“懒人经济”“单身经济”和疫情防控的影响，小龙虾向休闲食品转型，小龙虾预制菜成功“出圈”，迅速跻身预制菜第一品类。不难看出，小龙虾的发展在于能够敏锐捕捉大众饮食变化趋势，以人民群众的需求为根本出发点，不断创新发展。

（三）小龙虾全产业链发展逐步完善，成为渔业产业振兴的样板

2021年，我国小龙虾养殖面积达2 600万亩，产业产值为4 221.95亿元。加工企业数量和产能提升明显，我国小龙虾规模以上加工企业数量达到162家，小龙虾加工副产物综合利用保持良好发展态势；市场流通体系不断建立健全，交易市场建设和布局逐渐完善，电商平台快速介入和发展，物流运输、配送能力不断提高；餐饮市场规模不断扩大，线下门店特色更加明显，线上渗透率逐年提高，外卖成为小龙虾餐饮消费重要渠道；小龙虾产业集群建设和全产业链发展加快推进，湖北、江苏、湖南、安徽、江西等传统小龙虾养殖大省产业链和集群化水平不断提升。小龙虾产业的高质量发展实现了"保数量、保多样、保质量"的有机统一。

二、小龙虾产业践行大食物观的成功经验

（一）坚持生态优先

大食物观是新时代生态文明思想的延续，其本质是农业的可持续发展、生态保护和农业现代化均衡发展，强调资源利用的可持续性，更加注重资源节约、更加注重环境友好、更加注重生态保育。这些年，小龙虾产业发展也始终坚持生态优先的原则，在不与人争粮、不与粮争地，保障生态安全、粮食安全的前提下，有序合理扩大产能，重点发展稻虾综合生态种养模式。加快推进稻田综合种养规模化、标准化、品牌化、产业化，如江西"永修生态小龙虾"品牌以其完备的产业链条和广阔的发展前景赢得社会各界关注。稻虾种养突出的综合效益为我国稻虾综合种养产业的高质量可持续发展注入了强大生命力。

（二）坚持科技赋能

科技创新是落实大食物观的根本出路，是平衡人类社会需要和有限自然资源的必要举措，也是践行大食物观的必由之路。小龙虾产业发展始终以科技创新为动力，以产学研合作为纽带，加快对小龙虾新品种、新技术、新模式的研发与推广，不断提升小龙虾产业核心竞争力。建设科技研发平台，提升良种选育繁育能力，强化小龙虾产业良种保障，湖北潜江已建成我国规模最大的小龙虾良种选育繁育中心，为我国小龙虾养殖的苗种需求提供了科技保障。加快推进养殖技术、加工设备、加工工艺等难题的科研攻关，聚焦突破加工设备、精深加工、风味食品、快消食品等关键技术难关，大力探索小龙虾低聚糖在保健食品、化妆品、医药品等领域的应用，提升小龙虾产业综合效益。

（三）坚持三产融合

小龙虾产业始终坚持全产业链发展理念，以市场需求为导向，以制度、技术和商业模式创新为动力，着力构建农业与二三产业交叉融合的现代产业体系，已从最初的“捕捞＋餐饮”模式逐步发展为集选育繁育、生态种养、精深加工、电子商务、冷链物流、休闲旅游、美食文化等一二三产业高度融合模式，形成了完整的产业链条，走出了“以虾主导、多业并举”的发展之路。2021 年我国小龙虾养殖业产值 823.44 亿元，以加工业为主的第二产业产值 368.51 亿元，以餐饮为主的第三产业产值 3 030 亿元。俗话说：“中国小龙虾看湖北，湖北小龙虾看潜江”，潜江小龙虾产业三产融合发展模式更是我国水产养殖业融合发展、绿色发展的样板。

三、从小龙虾产业看渔业践行大食物观的政策建议

（一）强化大食物观的理念和认知

从“粮食”到“食物”再到“大食物观”，这是一个与时俱进的观念转变，也是一个内涵丰富的观念创新。大食物观的核心是食物多元化，目标是增进人民福祉。树立大食物观，既是由食物选择的趋势、食品安全的保障所决定的，也是我国开启社会主义现代化国家新征程，食物进入高质量发展新阶段的战略安排，要深刻理解和把握其核心要义，并将其作为我国渔业新时期高质量发展的重要遵循，充分认清市场导向的发展趋势，按照市场规律配置资源，以渔业资源和环境为约束条件，适速增加生产供应，保持水产品消费与生产供给同步增长，重点提升水产品供给品种、质量，更好地适应人民群众饮食结构、饮食方式的变化，满足人民群众饮食多样化需求。

（二）深化消费端食育教育和引导

在全社会推进食育教育，将食育教育引入课堂、社区、主流媒体以及餐饮保障主体，围绕“水产品与健康”“水产品与文化”等

内容构建食育课程体系，宣传普及水产品健康营养知识，构建社会化食育科普工作大格局，增强全社会对水产品的消费意愿。深入调查研究，挖掘消费需求，实施消费促进政策，激发居民水产品消费潜力。推进产地市场与消费端对接，满足日益多样化、个性化的消费需求。加强市场引导，调整水产品消费结构，提高水产加工品消费占比。逐步将水产品由“膳食改善性食物”转变成居民“营养保障性食物”，将水产品消费方式由“资源浪费型”转为“资源节约型”，将渔业发展驱动机制由“生产供应推动型”转变为“消费增长拉动型”。

（三）优化渔业供应综合保障能力

推动水产养殖业供给侧结构性改革，提供更多适销对路的生态优质水产品及水产加工品。实施水产品生产、加工提升行动，加强生产技术研发和推广，提升产业集聚度，完善冷链物流基础设施，加强水产品产销对接和品牌建设，大力发展预制菜肴、方便食品、休闲食品等方便、快捷、健康的水产加工品，加快内销市场培育。升级加工设施，研发新设备和新工艺，支持企业技改升级，加快推动水产品加工业向机械化、自动化、现代化转型。建立水产品加工业标准体系，制定行业标准，推动水产加工标准化发展。科学推动水产品精深加工的研发与生产，逐步建成环保型加工产业链。

适水发展渔粮共生　保障国家粮食安全

陈广锋

全国农业技术推广服务中心节水农业技术处

自古以来，粮安天下。粮食安全既是经济问题，也是政治问题，关系到一国的粮食主权和国家主权问题。党的十八大以来，以习近平同志为核心的党中央始终坚持把国家粮食安全作为治国理政的头等大事，明确提出把中国人的饭碗牢牢端在自己手中。2017年中央农村工作会议，习近平总书记指出，“老百姓的食物需求更加多样化了，这就要求我们转变观念，树立大农业观、大食物观，向耕地草原森林海洋、向植物动物微生物要热量、要蛋白，全方位多途径开发食物资源”。

我国是水产养殖大国，养殖产量占世界水产养殖总产量的2/3左右。我国水产养殖业中，池塘养殖又是最重要方式之一，养殖产量约占全国水产养殖总产量的一半。池塘水库长期进行水产养殖，会因饲料和养殖物排泄物等导致水质变差，影响鱼类生长。国内外对养殖水体环境修复进行了大量探索，提出了物理、化学和生物等多种途径。其中，植物修复由于环境友好、运行成本低等特点而受到广泛关注。贯彻落实习近平总书记关于树立大食物观的重要指示精神，各地各级农业农村部门因地制宜，广探增粮新途径，积极利用稻田、池塘水库，创新形成了一条渔粮共生新模式，实现了种养结合。向水面要粮，促进生态效益和经济效益共赢。

一、渔粮共生主要模式

近年来，国内不少科研机构、农业和水产技术推广部门贯彻落实大食物观要求，指导农户充分利用已有水土资源，协同进行农业种植和水产养殖，践行了一条既生态环保又增产增收的生产模式，即“渔粮共生”种养结合模式。“渔粮共生”广义上指水产养殖和农作物种植相结合，两者互不影响、互相促进。当前不同区域开展的模式不尽相同，大体可分为以种粮为主的稻渔综合种养模式和以水产养殖为主的池塘水库浮床种植模式，具体的可有“鱼稻共生”“虾稻共生”“稻鳖共生”“鱼菜共生”等。

二、充分认识渔粮共生对保障国家粮食安全和农业绿色发展的重要作用

（一）促进粮食增产农民增收

渔粮共生模式实现了一水两用、一地双收的目标，提高了单位耕地（水面）面积产能，有效增加了农民收入，调动其水产养殖和种粮积极性。

一是以种粮为主的，稳粮增收。该类型主要以稻渔综合种养模式为主，秉承“不与人争粮，不与粮争地”的基本原则，是将水稻种植与水产养殖有机结合起来的现代生态循环农业模式。该模式不仅有利于稳定甚至提高粮食产量、改善稻田土质，而且因节省农药、化肥、人工成本，收获的稻米优质优价，加上养殖的鱼、蟹等水产品，可显著提高农业效益、增加农民收入。实践及研究均表明，稻渔综合种养模式下水稻产量可增加7.9%～8.6%。虾稻共作亩均纯收入超过3 000元，是单纯种粮的3～4倍；鳖虾鱼稻共作亩均纯收入近万元，是传统种粮的12.8倍。

二是以水产养殖为主的，稳渔增粮。该类型主要以池塘水库浮床种植模式为主，是在池塘水库进行正常水产养殖的基础上，以浮床为

载体在水面上进行水稻或蔬菜种植的新型种养模式。安徽省明光市农技站近年来探索推广了池塘鱼稻共生绿色生产技术，其中水稻按占水面面积20%进行浮床种植，每亩水面可产优质粳稻100千克，产大米70千克（折合每亩增粮350千克），因水稻种植中无需施肥打药，2021年大米订单销售价为40元/千克，增收2 800元/亩。陕西汉中市水产试验站开展了浮床种植水稻试验示范，水稻品种为黄花粘，测产表明稻谷折合亩产平均430千克，基本达到当地黄花粘田间种植产量水平。

三是激活中低产田产能，调动农户积极性。渔粮共生模式在盐碱地、冷浸田等中低产田也表现出了较高的经济效益，调动了农民的种田积极性，减少了土地撂荒。内蒙古杭锦后旗位于河套灌区腹地，不少地块因土壤次生盐渍化严重而撂荒。该旗头道桥镇种粮大户张冬通过对盐碱荒地平整改良，引入了耐盐碱水稻品种和控制灌溉种植技术，在稻田有水时放养了螃蟹，实现稻蟹综合种养，拓展了种、养殖空间。第一年水稻亩产约350千克，第二年亩产过500千克，同时还附带有蟹等水产品收入约300元/亩，极大调动了农民种粮积极性。

（二）降低农业面源污染风险

渔粮共生模式蕴含着我国农业智慧，充分利用物种间资源互补的循环生态学机理，是一种生态循环、优质高效的模式，可使稻田或池塘水库生态环境得到显著改善。一是净化了养殖水质。池塘水库水体中冗余的氮、磷等主要来源于残饵和鱼类排泄物，易影响鱼类正常生长和引发水体富营养化。浮床种植的水稻全生育期以水体中的营养元素作为养分，对水体富营养化有明显的改善效果。研究表明，在水稻收获期，种稻鱼塘中全氮、铵态氮、全磷和磷酸盐等离子含量比未种稻的鱼塘低64%～98%，种稻鱼塘化学需氧量（COD）也明显低于传统鱼塘，表明种稻能有效降低水体养分含量，改善养殖水体水质。二是降低了化肥施用量。稻渔综合种养模式中鱼类会摄食稻田内杂草，排出粪便即为有机肥料，可以增加稻田土壤有机质含量，实现系统内部废弃物资源化利用，起到保肥和增肥的作用。国内外大量研究也表明，稻渔综合种养可显著降低肥料的使用量，甚至完全不使用化肥。三是减少了农药使用量。稻渔共生系统中，鱼虾为稻田除草作用明显，可有效减少化学除草剂的使用；同时鱼类可食用水田中的纹枯病菌核、菌丝等，减少了病菌侵染来源。有研究表明，稻渔综合种养相比单纯种稻可减少 40.2%农药使用量。

（三）积极缓解水土资源约束

我国是农业大国，人多地少水缺是基本国情，人均耕地仅为世界平均水平的 2/5，人均水资源量也仅为世界平均水平的 1/4，耕地资源和水资源是制约粮食进一步增产的两大主要资源要素。当前我国不少地区粮食播种面积基本趋于稳定，灌溉用水缺口较大，如何进一步提高粮食总产量成为不可回避的难题。一些水产养殖大县集成创新渔粮共生技术，强化试验示范，在水面种水稻、种蔬菜，提高了粮食播种总面积，向水面要粮，在一定程度上缓解了水土资源约束。

（四）有效应对高温干旱天气

2022 年 7 月以来，我国南方地区出现 1961 年有完整气象记录以来最强的持续高温少雨天气，主汛期还未结束，长江流域却已出现罕见旱情，不少区域水稻正常生长发育受到严重抑制甚至干枯死亡。稻渔综合种养模式因为养殖需要，提前增加了稻田蓄水量，提高了抗旱能力，一定程度上缓解了旱情对水稻生长的影响。池塘水库浮床种稻因其水源充足，不存在灌溉少水问题，水稻产量完全不会受高温干旱天气影响，成为抗旱保丰收、提高粮食总产量的有效途径之一。

三、存在主要问题及建议

近年来，渔粮共生模式虽然取得创新发展，但整体看，依然存在着一些需要重视和解决的问题。一是稻田池塘化、非粮化还需进一步制止。由于水产品的比较效益更高，个别地区种植户容易出现“重渔轻粮”的倾向，过度开挖环沟和任意增加养殖密度，忽略水稻管理；养殖密度提高后是否会带来新的面源污染，也是需要关心的问题。二是技术模式还需进一步完善。渔粮共生模式基础研究还有待加强，相配套的农机农艺技术还不适应，缺少不同区域不同作物的渔粮共生种养结合技术模式；农户的水产养殖和种植技术并不规范，病虫草害绿色防控、肥水管理、饵料投放等往往以经验为主，没有上升到理论水平。

为进一步推动渔粮共生产业绿色高质量发展，促进农民增产增收，保障国家粮食安全，建议重点做好以下几点：

一是牢牢坚守以粮为主。要进一步提高政治站位，深入贯彻党中央国务院决策部署和有关法律法规要求，认真落实《稻渔综合种养技术规范 通则》要求，坚决遏制耕地“非农化”、严格管控耕地“非粮化”；提防渔粮共生模式中“重渔轻粮”现象，始终坚守“不与粮争地”底线，首保粮食产能；按照耕地种植用途管控要求，建立健全监督管理机制。

二是强化技术集成创新。渔粮共生模式涉及面广、技术难度大，要做好“产学研推用”多方协同，深入开展相关基础理论研究，加强不同区域渔粮共生主导模式优化创新研究和配套关键技术开发；加强种植业技术推广和水产技术推广两系统互通互促，加大技术培训，加快标准制定和成果转化应用，全力打通技术服务最后一公里。

三是加大政策扶持力度。做好顶层设计，扩大资金投入，对符合模式要求的加大补助标准，引领推动渔粮共生产业科学发展；进一步整合相关项目资源，高标准建设一批渔粮共生示范基地，发挥好带动作用；积极扶持有基础的生产经营主体，通过统一品种、统一管理、统一销售等，进一步提高渔粮共生模式的标准化、规模化水平。

四是推进产业融合发展。发展渔粮共生，除了单纯地向“渔”“粮”要效益外，还要将两者的价值进行结合延伸，突出绿色生态理念，大力打造生态健康精品品牌，推进产业融合发展，提高产品价值，提升综合效益。

中国养殖渔业可实现产能测算

徐　忠　陈林生　徐仕伟
上海海洋大学经济管理学院

一、引言

为了落实“树立大食物观，向江河湖海要食物”要求，让水产品生产为稳产保供和食品安全作出贡献，需要对我国水产品的产能空间做深入分析，摸清家底。

表1　不同水产品及粮食的蛋白质、能量水平比较

类别	可食部分	蛋白质（克/100克可食用部分）	能量（千焦/100克可食用部分）	蛋白质（千克/吨）	能量（万千焦/吨）
草鱼	0.58	16.6	473	96.28	274.34
鳙	0.61	15.3	418	93.33	254.98
青鱼	0.63	20.1	494	126.63	311.22
鲢	0.61	17.8	435	108.58	265.35
鲳	0.7	18.5	586	129.5	410.2
基围虾	0.6	18.2	423	109.2	253.8
河蟹	0.42	17.5	431	73.5	181.02
扇贝	0.35	11	251	38.5	87.85
蛤蜊	0.39	10.1	259	39.39	101.01
水稻（整精米）	0.58	2.5	690	14.5	400.2
小麦（75粉）	0.75	10.4	1 472	78	1 104

数据来源：1. http：//www.eshian.com/sat/yyss/list；2.《湖北省粮食局关于2020年全省收获粮食质量和品质的报告》。

一方面，水产品是国民获取优质蛋白质的主要途径。表1清楚表明，单位重量的水稻与小麦所提供的能量是水产品的2～5倍，而鱼、虾、蟹能提供的蛋白质水平却是水稻的5～9倍。因此，保国民的能量供给需要保粮食产能，保国民蛋白质供给需要保渔业产能。另一方面，受限于捕捞资源约束，我国的捕捞渔业增产空间有限。我国整个捕捞产能基本稳定在1 300万吨左右，渔业产能提高主要由养殖贡献。2021年，我国养殖渔业实际产能为5 324万吨，已占到我国总产能的81%，且这一比例还在不断上升。

二、渔业养殖产能测算方案

参照农业产能测算方法，设计养殖渔业的产能测算方案。“实际产能”根据渔业统计资料测算。“可实现产能”和“理论产能”的测算需要先分区域测算并给出代表品种的“渔业质量指数”和“技术利用指数”，然后测算不同区域的“理论单产”“可实现单产”，最后结合养殖面积算出“理论产能”“可实现产能”。实际应用中，理论单产可以根据各地渔业技术专家咨询得到，可实现单产可以用当地样本养殖水面的3～5年的最高单产水平得到。由于目前的渔业统计缺少本底资料及数据，本次仅对可实现产能进行测算。

“可实现产能”测算给出3类数据，分别是直接测算、分省测算和分区测算数据。直接测算是直接采用5年的最大面积和最大单产数据来测算。分省测算是对每个省进行测算后加总得到全国数据。分区测算是先测算分区内5年内可实现产能最大值，然后算出每个省的最大值后加总。

水域和生产方式的区别。生产方式的统计实际包括了按水域和按生产方式统计两种方式，见表2。此外，大水面养殖有着水面资源和拓展空间的优势，因此对淡水大水面养殖和海水大水面可实现产能进行测算。

表 2　中国水产养殖生产方式分类（单位：公顷）

1. 淡水养殖		2. 海水养殖	
按水域分	池塘	按水域分	海上
	湖泊		滩涂
	水库		其他
	河沟	按生产方式分	池塘
	其他		普通网箱（立方米）
	稻田养成鱼		深水网箱（立方米）
按生产方式分	围栏（平方米）		筏式
	网箱（立方米）		吊笼
	工厂化（立方米）		底播
			工厂化（立方米）
3. 淡水大水面增殖：	湖泊＋水库＋河沟－围栏/网箱		
4. 淡水大水面增养殖：	湖泊＋水库＋河沟		
5. 海水大水面养殖：	海上＋滩涂		
6. 大水面养殖产能：	湖泊＋水库＋河沟＋海上＋滩涂		

数据来源：《2022 中国渔业统计年鉴》。

养殖片区划分。根据我国地理分布、气候条件和经济发展水平，把全国 31 个省区市分为 10 个分区，具体见表 3。

表 3　全国水产养殖产能测算分区

全国片区	各片区主要生产方式特征	片区内省份
北京片区	淡水养殖	北京、天津
内蒙古片区	淡水养殖	内蒙古、甘肃、宁夏
四川片区	淡水养殖	四川、云南、贵州、重庆
湖北片区	淡水养殖	湖北、湖南、安徽、江西
河南片区	淡水养殖	河南、陕西、山西
吉林片区	淡水养殖	吉林、黑龙江
青海片区	淡水养殖	青海、西藏、新疆
广东片区	海水与淡水养殖并重	广东、广西、海南
浙江片区	海水与淡水养殖并重	浙江、上海、福建、江苏
山东片区	海水与淡水养殖并重	山东、辽宁、河北、

三、渔业养殖可实现产能测算

（一）各省、市、区养殖面积变化

2016—2020年5年间，全国水产养殖面积减少了近41万公顷，占总养殖面积744万公顷的5.5%。仅湖北一省就减少了近33万公顷。贵州、吉林、云南和黑龙江这四个位于西南和东北地区的省份在养殖面积的绝对数量和相对水平上有较大增加，是未来扩大产能的重点关注区域。湖北、海南、新疆、河南、河北、辽宁、浙江和山东等省份的养殖面积下降较大，需要重点关注，具体见表4。

表4 全国各省市养殖面积统计（单位：公顷）

省份	2016年	2020年	变化	省份	2016年	2020年	变化
贵州	33 400	64 931	94.40%	江苏	625 041	598 538	−4.24%
吉林	181 300	300 804	65.92%	辽宁	878 700	839 349	−4.48%
甘肃	6 100	7 971	30.67%	内蒙古	136 900	127 029	−7.21%
山西	9 900	12 870	30.00%	浙江	280 901	254 827	−9.28%
陕西	42 900	51 282	19.54%	山东	839 500	744 618	−11.30%
云南	91 400	105 782	15.74%	河南	147 000	128 593	−12.52%
黑龙江	375 400	419 850	11.84%	西藏	5	4	−20.00%
四川	181 100	193 145	6.65%	河北	179 601	141 001	−21.49%
福建	238 601	250 247	4.88%	北京	2 800	2 088	−25.43%
重庆	80 141	82 970	3.53%	新疆	127 742	94 070	−26.36%
湖南	413 959	426 775	3.10%	海南	62 070	44 665	−28.04%
广西	180 600	186 062	3.02%	宁夏	32 433	23 102	−28.77%
安徽	476 600	478 550	0.41%	上海	16 300	10 522	−35.45%
青海	17 400	17 400	0.00%	湖北	853 064	525 886	−38.35%
广东	480 800	474 096	−1.39%	天津	41 001	23 706	−42.18%
江西	412 884	405 373	−1.82%	全国	7 445 543	7 036 106	−5.50%

（二）淡水养殖可实现产能

淡水养殖的直接测算结果与实际产能相差不大。分省测算，按照 2020 年养殖面积和最高单产测算达到 3 363 万吨，高于实际产能 274 万吨，高出 8.88%；按照最大面积和最高单产测算可实现产能 3 691 万吨，高于实际产能 602 万吨，高出近 20%；分片区测算的最大面积的产能高达 4 451 万吨，高出实际产能 1 362 万吨，高出 44%。通过增加养殖面积和单位产量可以增加产能 1 400 万吨左右，具体见表 5。

围栏、网箱和工厂化养殖的实际产能数据并不高，2020 年仅为 66 万吨。但按照最大面积来测算，产能可以增加 400 万～700 万吨。

表 5　淡水养殖可实现产能测算（单位：万吨）

养殖方式	2020 年实际产能	直接测算		分省		分片区	
		最大面积最高单产	2020 年面积最高单产	最大面积最高单产	2020 年面积最高单产	最大面积最高单产	2020 年面积最高单产
池塘	2 280	2 316	2 280	2 473	2 381	2 832	2 715
湖泊	83	148	116	172	105	223	128
水库	283	336	291	419	335	590	469
河沟	50	81	54	96	62	118	77
其他	68	70	68	156	120	156	120
稻田养鱼	325	325	325	375	361	532	510
淡水总计	3 089	3 275	3 134	3 691	3 363	4 451	4 019

注：由于对计算结果进行了四舍五入，加总数据和最终数据不等。

（三）海水养殖可实现产能

海水养殖的直接测算数据与实际产能数据相差不大。分省最大面积产能相比实际产能 2 135 万吨高出 428 万吨；按片区测算最大面积产能高出实际产能 700 多万吨。提高筏式和底播养殖面积均可以增加产能 100 多万吨。提高深水网箱和底播的单产水平分别可以提高产量 120 万吨和 60 万吨。总之，提高养殖面积可以提高海水养殖产能 700 多万吨，提高单产水平可以提高海水养殖产能 450 万吨左右，具体见表 6。

表 6　海水养殖可实现产能测算（单位：万吨）

养殖方式	2020 年实际产能	直接测算		分省		分片区	
		最大面积最高单产	2020 年面积最高单产	最大面积最高单产	2020 年面积最高单产	最大面积最高单产	2020 年面积最高单产
池塘	257	274	274	311	286	359	332
普通网箱	57	148	57	139	60	278	110
深水网箱	29	44	44	107	106	149	148
筏式	630	659	632	715	668	756	707
吊笼	139	144	139	158	142	211	195
底播	539	576	539	643	598	645	599
工厂化	33	33	33	38	36	46	45
其他生产方式	452	452	452	452	452	452	452
海水总计	2 135	2 329	2 169	2 563	2 348	2 896	2 588

注：由于对计算结果进行了四舍五入，加总数据和最终数据不等。

（四）养殖渔业可实现产能

淡水养殖和海水养殖加总在一起，分省测算，提高单产水平可提高产能 500 万吨左右，提高 9.6%；同时提高养殖面积和养殖单产，可以提高产能 1 000 万吨左右，提高 19%。提高养殖面积和单产水平的贡献率各占 50%；分片区测算，同时提高养殖面积和养殖单产，可以提高产能 2 100 万吨左右，提高 40.2%。仅提高单产水平可以提高养殖产能近 1 400 万吨，提高 27%。单产水平提高的贡献率达到 66%，养殖面积的贡献率为 33%，具体见表 7。

表 7　中国养殖可实现产能测算（单位：万吨）

分类	2020 年实际产能	直接测算		分省		分片区	
		最大面积最高单产	2020 年面积最高单产	最大面积最高单产	2020 年面积最高单产	最大面积最高单产	2020 年面积最高单产
淡水养殖	3 089	3 275	3 134	3 691	3 363	4 451	4 019
海水养殖	2 135	2 329	2 169	2 563	2 348	2 896	2 588
养殖总量	5 224	5 604	5 302	6 253	5 711	7 348	6 607

注：由于对计算结果进行了四舍五入，加总数据和最终数据不等。

大水面养殖的实际产能是 2 285 万吨。提高养殖面积可使海水大水面养殖产能提高 1 300 万吨，达到 3 571 万吨，可使淡水大水面养殖产能提高 260 多万吨，达到 931 万吨（篇幅所限，计算过程略）。

四、主要结论和建议

借鉴大农业产能测算方法，结合渔业调查和生产统计实际，选择按照渔业生产方式测算养殖渔业可实现产能，得到以下结论：

（一）养殖面积下降带来较大负面影响

从 2016—2020 年 5 年间，全国水产养殖面积减少了 5.5%，近 41 万公顷。仅湖北一省就减少了 33 万公顷。

（二）单产水平提高对养殖产能贡献巨大

福建、广东、广西、海南的单产水平达到每亩 1 631 千克、1 050 千克、1 028 千克和 922 千克，处于领先地位，且在不断增长。我国养殖渔业可实现产能在 5 700 万～7 300 万吨之间。要提高养殖可实现产能需要重点提高养殖单产水平。

（三）提高海水大水面的单产水平，对提高我国大水面养殖产能的促进作用更大

通过提高单产水平，可提高淡水大水面养殖产能 80 万～160 万吨，海水大水面养殖可提高产能 130 万～530 万吨。

基于以上研究结论，给出以下建议：

（一）深入践行"大食物观"，保障我国养殖渔业产能

水产品为我国人民贡献了大量的优质蛋白和较高能量，为我国整个粮食安全作出重要贡献。保国民的能量供应需要保粮食产能，保国民蛋白质供给需要保渔业产能。

（二）稳住养殖面积，提高单产水平是提高养殖渔业产能的两个抓手

重点关注并阻止湖北、海南、新疆、河南、河北、辽宁、浙江

和山东等省份养殖面积继续下降。贵州、吉林、云南和黑龙江是未来扩大产能的重要区域。

（三）淡水养殖不同方式的产能增长方式存在差异

增加池塘、湖泊和水库养殖面积，分别可以增加 600 万吨、150 万吨和 300 万吨养殖产能；通过提高池塘、水库和稻田养鱼的单产水平分别可以增加 400 多万吨、200 万吨和 200 万吨养殖产能。淡水养殖的围栏、网箱和工厂化养殖虽然产量不高，但提高其单位产量和提高养殖面积，可以较大地增加淡水养殖的产能。

（四）要提高海水养殖产能

需要提高筏式、底播、池塘、普通网箱和深水网箱的养殖面积，尤其是筏式和底播的养殖面积。海水大水面养殖的可拓展空间和水体远大于淡水大水面养殖。淡水大水面的养殖产能提高需要转换路径，通过增加单位产量来提高养殖产能。

三等奖作品

论“大食物观”的历史底蕴——让江河湖海为“国之大者”保驾护航

刘　青

农业农村部管理干部学院乡村振兴研究中心

“民以食为天”，这是一句流传了两千多年的经典古训①。短短五个字道出了食物的极端重要性，阐明了其与生命之间的本质联系，饱含着强烈的忧患意识和深切的民生关怀。无论时代如何变迁，这句话永远不会过时，具有永不褪色的时代价值。2022 年全国两会期间，习近平总书记再次强调“大食物观”②，让“民以食为天”这一亘古不变的话题再次回到了公众视野，引起了社会各界广泛讨论。

作为习近平“三农”工作重要论述的重要内容，“大食物观”彰显了以人民为中心的发展理念，体现出实事求是、与时俱进的理论特质，对于指导新时期“三农”工作具有重要意义。本文从粮食安全的角度切入，从江河湖海的自然属性、渔业的产业特征以及水产品的营养价值出发，从政治、经济和文化等角度，阐释了“大食物观”的历史底蕴，以期对其当代价值有一个科学认识，将其落到实处。

一、历史视野下的粮食安全问题

中华民族拥有悠久的农业历史，考古资料证明，最早的农业可

---

① 语出《史记·郦食其列传》，原文为“王者以民人为天，而民人以食为天”。

② 据资料显示，“大食物观”的思想源头可追溯至 1990 年习近平总书记在《摆脱贫困》一书中提出的“现在讲的粮食即食物，大粮食观念替代了以粮为纲的旧观念”的观点，后来他曾在多个公开场合表达过类似观点，2022 年年初这一次为最新表述。

追溯至距今一万年前的新石器时代。在农业生产的保障下，中华民族不断繁衍，创造出领先世界数千年的农业文明。“国家大本，食足为先”。粮食安全是“国之大者”，历朝历代都将其作为治国安邦的首要任务。唐代诗人杜甫在《忆昔》中描写了“稻米流脂粟米白，公私仓廪俱丰实”，可见国家粮食充足是国家富强的象征，是文明盛世的标志。

作为一个统一的多民族国家，“多元一体”是中华民族自古以来的一个显著特征。中原农耕民族、北方游牧民族和沿海渔猎民族的不断融合推动了中华民族共同体的形成与壮大。中华民族融合的过程，实质上就是农业生产方式融合的过程，也是食物供给的融合过程。历史上每一次民族融合，都会带来各地区生产方式的改进和农产品品种的丰富。正是在这样的融合背景下，使得中华文明成为世界上唯一没有中断的灿烂文明。

然而，保障粮食安全并非易事。由于天灾人祸等各种因素，在五千多年的历史长河中，真正的盛世屈指可数。在相当多的历史时期，人民始终挣扎在温饱线上，饥饿如影随形，随时可能成为社会动乱和政权更替的肇祸之源。吃饭问题始终是困扰当政者的头等大事，也一直是老百姓关心的首要问题。因此，粮食安全问题是贯穿于中国千年历史的大问题，必须被高度重视。

二、江河湖海的自然属性及其政治地位

几千年来，保障粮食安全的重担一直压在耕地上。由于历史和地理原因，我国的耕地资源总量不足，分布不均，耕地后备资源十分贫乏。粮食生产具有季节性、周期性和不稳定性，而粮食消费具有常年性、连续性和稳定性，这种生产与消费特性上的矛盾，造成了粮食供求关系长期处于紧平衡的状态，一旦发生外部冲击，这种紧平衡很容易被打破。

改革开放以来，中国用占世界9%的耕地养活近20%的人口，创造了世界农业史上的奇迹。然而，面对风云变化的国际形势，面

对可能发生的自然风险，特别是在世纪疫情和地缘政治冲突双重叠加的大背景下，这一奇迹能否可以平稳续写，还值得深思。因此，光靠耕地来保障粮食的有效供给，还远远不够，拓展粮食生产供给渠道，才是大势所趋。中国自古就用“江山社稷”作为国家政权的一个代称。“江”指的就是江河湖海，将其置首位，充分代表了其重要地位。作为一个国家重要的国土资源，江河湖海在存在形态上具有天然的稳定性，运用方式具有丰富的灵活性，江河湖海中的鱼虾贝类作为食物来源，也是“活”的国家粮食储备库。

习近平总书记提出的“大食物观”，是在对世情、国情和农情综合研判下做出的科学论断，在更广的维度、更高的视野上把握粮食安全，提出要面向整个国土资源，挖掘食物供给潜力。因此，我们要践行大食物观，不仅要保护耕地，还要保护江河湖海，要继续发挥其环境保护的生态功能，更要发挥其保证粮食安全的政治功能，让江河湖海承担起保障国家粮食安全的历史使命，与耕地和其他国土资源一道，为“国之大者”保驾护航。

三、渔业的产业特征及其经济功能

水是生命之源，古代人类生活的一个重要特征就是傍水而居。观察中华文明的早期形态，都与水有密切关系，比如大汶口文化、良渚文化、河姆渡文化等。在农林牧渔业中，渔业是最古老的产业，自从有了人类，捕鱼就成为一项重要的生存技能和生产方式。古语有言，“授人以鱼，不如授人以渔”，这句话体现鱼作为饮食来源的重要性，也体现出了持续获取鱼作为生产能力的重要性。

相比于种植业，渔业兼具食物的生产属性和蓄水防洪的保障功能，技术含量较高、边际收益较高、附加值也较高。根据我国最早的水产养殖文献《陶朱公养鱼经》记载，齐威王曾经向范蠡请教养鱼之术，在“后苑治池”，一年得钱三十余万。北魏贾思勰《齐民要术》详细介绍了40余种加工制作渔业产品的方法，可见在中国古代，渔业已经高度发达。同时，渔业还能与其他产业融合发展。从历史的发展来看，自南宋开始，中国的经济中心南移，这与江南水乡的渔业和种植业有机结合是分不开的。所谓“鱼米之乡”，正体现出这种产业融合带来的客观经济效果。此外，捕鱼也代表了一种生活方式，“渔樵耕读”作为百姓日常最基础的活动，被传统文人士大夫认为是人间最自由自在的生活，令人神往。

习近平总书记提出的“大食物观”，是基于我国农业客观历史条件提出的，集中反映了食物生产的地域性特征，充分认识到了不同形态的农业产业对食物供给的重要作用，符合经济发展客观规律。因此，要践行大食物观，需要基于渔业的产业特征和经济功能，大力发展海洋捕捞、设施渔业等，推动渔业供给侧结构性改革，切实保护渔民利益，让渔业成为一个令人向往的职业，发挥其对于保障国家粮食安全的战略意义。

四、水产品的营养价值及其文化意蕴

“你吃了吗”是中国人日常生活中再寻常不过的问候语，这句看似普通的问句，实则反映悠悠万事，吃饭为大的客观事实，这句话的重点是是否吃了的事实，而非吃了什么的问题。可见，长期以来，中国人的食物消费停留在“吃得饱”就行的状态，这固然与中华民族勤俭节约、吃苦耐劳的坚韧品格有关。然而，这并不意味着老百姓对于食物的品质就没有要求，在人民心中，“吃得好”是潜藏在内心的一种愿望，反映了人民对美好生活的向往。

中国古代先贤，早就认识到合理的饮食结构对于身体健康的重要性。在《黄帝内经》中，古人就提出“五谷为养，五果为助，五畜为益，五菜为充”的健康饮食理念。传统中医理论认为，药食同源，食物是最好的药物。翻开中国传统文化的历史词典，“鱼”这个字的地位非常高。有一个俗语，叫做“鱼和熊掌不可兼得”，也充分体现出“鱼”作为食物的珍贵程度。在《二十四孝》传统民俗文化故事中，有一则故事叫做“卧冰求鲤”，一方面表现出感天动地的孝义，另一方面也表现了人民对于膳食结构改善的渴望，以及对鱼的营养价值的充分认可。老百姓过春节，必须要有鱼，代表着“年年有余”，这种民俗文化，一直延续至今，蕴含着鱼作为一种吉祥的文化的深刻寓意。

习近平总书记提出的“大食物观”，是在深刻把握居民食物结构的变化趋势中做出的科学判断，是食物消费结构调整的主观反映，对于保证人民“舌尖上的幸福”具有不可替代的作用。因此，要践行大食物观，需要以人民食物需求为导向，大力发展水产品养殖，充分发挥水产品在提供优质蛋白质方面的优势，不断提升水产品安全性，延长产业链，提升水产品的文化内涵，从而满足人民日益增长的物质文化需求。

五、总结

通过充分挖掘大食物观的历史逻辑我们发现，习近平总书记提出的“大食物观”，其核心思想可以在人类发展史和中华文明史中寻找到思想源头和历史依据。“大食物观”是对中华民族几千年积累的知识智慧和理性思辨的创造性转化，是从历史经验中得出来的真理，是与中华优秀传统文化相结合的思想结晶。在新的时代背景下，我们要准确把握大食物观的科学内涵和精神要义，要充分认识到江河湖海的自然属性及其政治地位、渔业的产业特征及其经济功能、水产品的营养价值及其文化意蕴，通过向江河湖海要粮食，保障国家粮食安全，推动“国之大者”行稳致远。

发展盐碱水养殖　向盐碱水土要食物

李明爽
全国水产技术推广总站、中国水产学会

在习近平总书记“大食物观”的指导下，如何合理利用各类水域资源，宜渔则渔，科学有度地向江河湖海要食物，为国家粮食安全提供有力保障，成为当前水产工作者要认真思考和重点解决的问题之一。盐碱水土是国土资源的重要组成部分，在全国19个省（区、市）都有分布，由于其自身特性，目前还处于开发利用的初步阶段。在国际冲突加剧、局部战争不断的背景下，加快对盐碱水资源的开发利用，大力发展盐碱水养殖，对于把中国人的饭碗牢牢端在自己手里，为人民提供量足、质优的水产品具有重要意义。

一、盐碱水养殖在保障国家粮食安全中的重要意义

盐碱水属于非海洋性咸水资源，在自然界广泛存在，人畜无法饮用，也不能直接用于农业灌溉，多数处于未开发状态。在国家渔业、科技等有关部门的积极推动下，水产工作者经过多年努力，使盐碱水养殖技术日趋成熟，发展模式多样，这在保障国家粮食安全方面有突出作用。

（一）有利于修复盐碱化耕地，提升耕地质量和面积

我国现有盐碱化耕地1.14亿亩，较20世纪80年代增加了2 600万亩，增幅近30%，且有继续增长态势。耕地的盐碱化，严

重影响“藏粮于地”战略的实施，为国家粮食安全带来了隐患。水产科技人员开发的“挖塘降水、抬田造地、渔农并重、修复生态”等盐碱水养殖技术能够显著降低新造抬田的盐碱度，加快土壤修复，实现变害为宝、变废为宝。在农业农村部的支持下，甘肃省景泰县应用这些技术在几个乡镇进行试验示范，发展盐碱水水产养殖面积1万亩，抬田造地1 200亩，改良治理盐碱耕地2万余亩。抬田种植的大麦、葡萄、甘蓝、芹菜等长势良好，栽植的苗木成活率在85%以上，耕地质量得到有效改善，荒芜的盐碱区重现生机。

（二）有利于拓展水产养殖空间，增加水产品有效供给

近年来，随着经济社会的发展和环保政策的收紧，我国的水产养殖发展空间不断受到挤压，养殖面积连续多年下滑。2021年全国水产养殖总面积为700.94万公顷，与2015年（846.50万公顷）相比，减少了17.2%。在2021年重庆召开的全国畜牧渔业工作会议上，胡春华副总理专门指出了这个问题。海洋捕捞实施总量控制、长江施行十年禁渔、大水面渔业发展还存在很多掣肘，水产养殖的保供压力空前。如何稳定并拓展水产养殖面积，需要被加快研究解决。我国现有盐碱水域4 600万公顷，目前仅有少量得到开发利用，若10%得到开发利用，亦能增加460万公顷的水产养殖面积，渔业稳产保供能力将会得到大幅提升。

（三）有利于增加优质水产品供应，满足人民生活需要

随着人民生活水平的提高和健康意识的增强，人民群众的食物结构也发生了重大变化，对优质水产品的需求不断增大。中国营养学会发布的《中国居民膳食指南（2022）》提出，相对于畜禽肉类，居民应优先选择水产品。与淡水水质相比，盐碱水具有高pH、高碳酸盐碱度、高离子系数等特点，其养殖的水产品也与淡水水产品有着明显区别。学者通过对盐碱水和淡水养殖模式下尼罗罗非鱼肌肉品质的比较研究发现，盐碱水养殖的尼罗罗非鱼肌肉营养价值显著高于淡水养殖，且其鲜味和异味等感官特征明显优于淡水

养殖。

二、制约盐碱水养殖业发展的主要因素

盐碱水养殖经过多年的发展，取得了显著成效，甘肃省景泰县的“挖塘降盐、以渔治碱”模式、河北省沧州市的“稻田一沟渠一池塘”模式、山东省东营市的“上粮下渔”模式、上海市大丰农场的“原位复耕”模式等已成为盐碱水养殖的成功样板，但制约盐碱水养殖发展的因素依然存在。

一是缺乏顶层设计。国家层面一直未将盐碱水养殖纳入渔业发展总体规划，亦未出台盐碱水养殖发展专项规划，对盐碱水养殖的支持处于半“随缘”状态。地方在开展盐碱水养殖时，要么将其划为海水养殖（天津等地），要么将其划为淡水养殖（内蒙古等地），未将其作为海淡水养殖以外的第三种养殖水域加以谋划推动。在财政投入上，缺乏稳定的资金支持，项目不仅少、小，且时断时续、时有时无，盐碱水养殖一直处于零零散散的试验示范状态，没有得到充分发展。

二是基础研究薄弱。盐碱水水质复杂，类型多样，专家学者从未组织开展过全面系统的盐碱水域水质及资源环境调查，缺少水化学特性、水生生物资源状况等第一手资料，不利于制定盐碱水渔业开发利用的长期发展规划，也不能为渔业生产提供准确的基础数据资料。目前盐碱水养殖的研究工作集中在耐盐碱良种筛选、技术模式构建上，对耐盐碱新品种培育、养殖物种耐盐碱的深层次机理、水质对养殖物种的生化影响、盐碱水养殖出的水产品与淡水养殖的品质有何差异等基础研究还不深不透。

三是集成创新不足。我国疆域面积广，东西南北跨度大，不同区域盐碱水的补给源、补给量、蒸发量都不相同，再加上各地土壤条件差异，各地盐碱水域都有各自的特点，适宜养殖的水产品种、可采用养殖模式都不尽相同。但由于资金缺乏、重视程度不够等原因，在水质改良与调控、适宜养殖对象的筛选和驯养、基于区域条

件和水质类型的养殖模式构建等方面的集成创新还不够。目前还尚未形成水质调控高效、适养品种丰富、技术模式类型多样的盐碱水养殖发展支撑保障体系。

三、加快推进盐碱水养殖业发展的政策建议

盐碱水资源的开发利用越来越受到政府的重视。2020 年，科技部将“内陆盐碱水域绿洲渔业模式示范”项目列入“蓝色粮仓科技创新”国家重点研发计划，项目总预算 6 430.00 万元（其中中央财政专项 1 870.00 万元，单位自筹 4 560.00 万元），在华东、华北、西北等地开展试验示范工作。农业农村部亦将盐碱水资源利用纳入工作重点，盐碱水养殖业迎来重大发展机遇。为充分发挥盐碱水养殖在“向江河湖海要食物”中的作用，助力渔业稳产保供，提出如下政策建议。

（一）加强顶层设计，加大支持力度

编制国家层面的盐碱水养殖产业发展规划，鼓励盐碱水资源大省编制地方盐碱水养殖产业发展规划，明确盐碱水养殖发展的基本原则，提出推进盐碱水养殖业健康持续发展的区域规划、技术体系和发展重点。将盐碱水养殖业列入产业专项发展资金、渔业油价补贴专项转移支付和一般性转移支付支持范围，加大对盐碱水养殖技术研发与示范推广应用方面的投入。将“以渔治碱”项目纳入国家高标准农田改造补助范围。引导社会资金投入，推动企业逐渐成为投资的主体。平衡好产业发展与资源环境保护的关系，推动盐碱水养殖业高质量发展。

（二）强化基础研究，摸清产业本底

牢牢把握“水”和“种”两个关键要素。“水”方面，要制定科学详细的调查研究方案，对各地盐碱水主要分布区开展水质、土质、底质和水生生物等资源基础调查，并进行动态监测，系统研究不同类型盐碱水资源动态变化、水资源量及盐碱特性，建立渔业资

源开发利用潜力评估与可持续利用评价体系。“种”方面，大力挖掘我国现有耐盐碱水生生物种质资源，加强对土著鱼类耐盐碱机理的研究和耐盐碱鱼类良种培育研究。同时，对已引进的耐盐碱鱼虾蟹物种，在试养成功的基础上加快安全性研究、规模化推广和应用进程，使之形成产业规模。

（三）加强科技攻关，推动集成创新

依靠科研院所、大专院校和推广体系，建立盐碱水养殖技术联合攻关体系，加快水质综合改良和精准调控、耐盐碱物种筛选、水土复合生态工程构建、综合评价等关键技术研发。开展盐碱水产养殖技术模式典型示范，加强经验总结与问题分析，形成一批可复制、可推广、服水土、接地气的技术示范案例，发挥典型引领作用，以点带面推动盐碱水养殖全面发展。结合盐碱水养殖产品的特色，创建品牌，拓展市场，打造集养殖、加工、休闲垂钓、餐饮、旅游为一体的田园综合体，延伸产业链，提升价值链。

（四）加强技术培训，培育专业人才

产业发展，人才是关键。采取多种举措，加强技术培训与指导。将盐碱水养殖技术培训纳入高素质农民、新型职业农民等国家培训工程，优先将有开展盐碱水养殖意愿的农民纳入培训计划。借助“蓝色粮仓科技创新”国家重点研发计划等项目实施，合理安排培训计划，定期邀请科研机构、水产技术推广机构的相关专家开展技术人员专题培训。组建盐碱水养殖专家队伍，不定期赴生产一线开展巡回技术指导，通过现场互动答疑等方式，及时解决养殖户生产中遇到的实际问题，不断提升产业一线人员盐碱水养殖技术水平。

乘“大食物观”之风　做好渔业宣传工作

颜晓昊
全国水产技术推广总站、中国水产学会

2022年6月8日，一条关于南美白对虾小棚养殖的视频引发大众广泛关注，视频中的养殖户在一汪“泡沫水”里打捞着对虾。该视频的点赞和转发量都达到10万+，评论数也达到2万条，针对视频中养殖池塘里褐色泛黄沫的水体，广大网友纷纷提出“全是药水”“重金属超标”“原来虾是从这么脏的水里养出来的，以后都不敢吃虾了”的质疑，更有甚者对整个水产养殖乃至渔业行业进行攻击、抹黑。事实上，视频中“泡沫水”为对虾养殖中常用的生物絮团技术所产生，是养殖生产过程中的正常现象，并不会影响养殖对虾的质量安全。

近年来，随着自媒体快速发展，各种内容的视频层出不穷，缺乏行业知识和养殖经验的消费者与生产者之间容易产生信息壁垒。消费者对水产养殖乃至渔业的误解，极大地阻碍了行业发展。“大食物观”理念的提出“向江河湖海要食物”的观念逐渐深入人心，渔业被不断提及，这对渔业宣传提出更高的要求，故而做好面向群众的渔业宣传工作迫在眉睫。

一、渔业产业现状

常言道“民以食为天”，食物始终是我们生活离不开的一环。而在众多食物中，水产品是重要的“菜篮子”产品，是大食物范畴的重要组成部分，同时也是居民摄取动物蛋白的重要来源，在大食物结构中占有十分重要的地位。

据《2021年全国渔业经济统计公报》数据显示，2021年，全社会渔业经济总产值29 689.73亿元，全国水产品总产量6 690.29万吨，比上年增长2.16%，水产品产量稳步上升。水产业养殖产量5 394.41万吨，同比增长3.26%，捕捞产量1 295.89万吨，同比下降2.18%，养殖产品与捕捞产品的产量比例为80.6∶19.4，水产养殖在整体渔业产业中占比继续呈扩大趋势。

据相关研究表明，我国居民水产品食用消费量占水产品供应总量的近50%，也就是说年均有3 345万吨左右的水产品以食物的形式上了居民餐桌，在推动居民膳食结构优化方面贡献了渔业力量。故落实“大食物观”，对保障老百姓吃得好、蛋白质摄入足、让“中国饭碗”端得更稳更健康有着极为重要的意义。

二、“大食物观”下的渔业宣传工作面临的挑战

（一）纸媒宣传形式较为单一

纸媒可以呈现的信息类型较少，仅支持文字与图片形式，在信息高度实时化的时代背景下时效性也被大幅削弱。而如全球首艘10万吨级智慧渔业大型养殖工船“国信一号”建造等重要渔业事件，从项目立项、建设完成到开始生产、起捕收获，新媒体都运用图片、文字、视频等方式多维度实时参与跟踪报道，无论在及时性还是在全方位、立体化方面都凸显出新媒体的优势。在“大食物观”理论背景下，以纸媒（杂志、报刊）为基础发展新媒体（微信公众号、视频号、抖音、微博等）的“纸媒+新媒体”宣传矩阵成为宣传工作大趋势。

（二）宣传功能有待优化

如今，世界信息革命的浪潮席卷了人类生产和生活的各个领域，我国的信息产业也呈迅猛发展的态势。渔业宣传作为渔业政策新闻、知识技能的“保存库”和“传播者”，在信息时代也需加快

自身的发展与变革。在“大食物观”的引领下，我们需要明确渔业宣传在信息时代的社会基础和社会定位，从而进一步讨论渔业宣传在信息时代的功能转变。

（三）宣传普及面较窄、宣传对象固化

以“中国水产”微信公众号为例，截至2021年的受众数据分析可得出，“中国水产”微信公众号经过不断推广，牢牢根植于全国水产技术推广体系，形成了以全国水产技术推广体系为坚实后盾的忠实读者群。但渔业不仅仅是渔业人的渔业，《中国水产》《中国渔业报》等主流渔业媒体在为渔业从业人员提供政策探讨、技术交流等信息服务的同时也要注意拓展公众读者群，将行业知识科普到群众中去，打造良好的行业形象进而促进产业高质量发展。

三、立足“大食物观”，站好渔业宣传主阵地

我国虽然是渔业大国，渔业产量居世界前列，但是根据相关数据测算可知2019年全国居民广义水产品消费量为27.8千克，将其与《中国居民平衡膳食宝塔（2016）》和《中国食物与营养发展纲要（2014—2020）》对比发现，人们日常饮食中水产品所占比例还是较小，动物性食物结构远未达到平衡膳食标准。所以，渔业宣传工作者使命在肩，应该抓主抓重，可以从去污名化、去标签化、更新手段三个方面发力。

（一）立足“大食物观”，通过宣传工作助力渔业去污名化

谣言止于智者，比如文章开头提到的短视频，其实在报刊杂志、网络媒体等平台都可以看到一些理智的“声音”，短视频创作者也在后续的视频中进行解释，但收效甚微。究其原因，一方面在信息爆炸时代，尤其是短视频相关平台巨量的、琐碎的信息，导致受众接受信息更偏向“猎奇”，对正确且正常的信息反而不太敏感。另一方面，随着生活质量的提升，消费者对食品安全尤为重视，养殖者本人或者一般人的“辟谣”对于广大受众而言可信度程度

不高。

要解决这些问题，就必须由官方、主流媒体联系权威学者、机构发力，借助平台优势，提高站位，及时抓住舆论热点、痛点。以中国水产杂志社所属微信公众号上的科普文章《龟鳖不可能是新冠病毒的中间宿主——致吴建国教授的公开信》（阅读量 16 万）和《科学认识水产养殖业与水环境污染》（阅读量 2 万）为例，第一篇文章发布于 2020 年 2 月，在社会舆论大部分偏向于水产动物携带病毒时，这篇文章结合时事及时拨乱反正，解决了大众的疑惑，也为水产动物正名；第二篇文章提到用水产养殖业水污染排放数据与工业污染源中占比极少的水污染排放数据进行对比，给公众带来的是水产养殖业比工业污染还严重的错觉，这是不科学也不负责任的结论，文章一经发布，有力回击了负面舆论，受到广大从业人员及社会公众的一致认同。

由此可见，借助权威媒体，及时、精准地抓住重大舆情并给予澄清，可以在很大程度上减轻水产污名化。

（二）立足“大食物观”，通过宣传工作助力渔业去标签化

说到食物，过去更多指的是大米、小麦等主粮，因为社会消费水平较低，大多数人吃饭是以饱腹为主，所以是菜少饭多。而现在，人民生活水平不断提高，购买力与日俱增，菜多饭少成为人们的进餐常态。曾经红极一时的电影《西虹市首富》里，沈腾饰演的角色一夜暴富之后说：“谁要的主食，恶习赶紧改掉，吃龙虾一样能吃饱”，虽然有一定夸张成分，但能看出在这里“龙虾”与“主食”在价格上站在对立面。网上经常盛传“要把 xxx 的价格打下来”，其实价格打下来相对容易，我国水产养殖业乃至渔业的高速发展，让水产品价格不再高高在上，但怎样改善人们对水产“奢侈”“贵”的刻板印象才是重中之重。

首先，在“大食物观”指导下，可以开展水产品从生产到运输的全方面立体式展示，消除群众对水产品的一些固有观念及标签；

然后，使其逐渐接受水产品和平时吃的粮食蔬菜一样，都是健康的、实惠的，可以日常消费，满足自己多层次的营养需求；最后，通过科普宣传拉动需求，通过新技术、新模式宣传减少生产成本，实现良性循环。早日实现水产品进千家万户门、上黎民百姓桌，让即便是大山深处、平原腹地的人民也能吃到水产品、爱上水产品，就是"大食物观"对渔业去标签化最大的指导意义。

（三）立足"大食物观"，加强宣传工作薄弱环节

"大食物观"的提出对渔业高质量发展指明了新方向、新思路。将水产品推向更广大的受众，不能仅仅依靠养殖新技术、新模式的实地推广，还要通过媒体宣传做出相应的努力。

1. 转变宣传观念，推动纸媒与新媒体融合发展。随着科学技术的进步、信息化时代的到来，我国的信息传播格局发生很大改变，新媒体凭借其信息发布快、交互性强、个性化突出、形式多样等优势迅速壮大。以《中国水产》为例，在《中国水产》杂志基础上创建"中国水产"微信公众号、头条号等，大大扩展了读者受众面。杂志为新媒体提供发展基础，新媒体发展起来后也可以给杂志引流，两者优势互补，渔业宣传"武器库"逐渐丰富。

2. 依托权威机构，加强自主作品创作。在信息爆炸的时代背景下，创作上一味因循守旧、按图索骥已经很难被受众认可。原创文章本身具备独家性，大量原创文章会使宣传主体变得具有独特性。渔业媒体可依托全国水产技术推广总站、中国水产学会、中国水产科学研究院等权威机构及专家，拍摄科普宣传短视频、短片、纪录片等，面向行业宣传推广新技术、新模式，面向消费者传播水产品的安全生产过程及其品质与营养价值。此外还可以通过 3D 建模、AI 渲染等技术设计水产科普动画形象，让水产科普更具象、更有记忆点。

3. 多方联系合作，迅速有力回击负面舆论。"大鹏之动，非一羽之轻；骐骥之速，非一足之力。"个体的影响力、号召力、公信

力有局限性，如果各个宣传主体联合起来，取长补短、强强联合，渔业宣传工作将会事半功倍。以文章开头的对虾养殖视频为例，建议与微信视频号官方联系，当涉及渔业的视频出现传播量大、影响恶劣的不恰当解读时，可由渔业媒体组织专家进行科学回应，并由微信视频官方号在视频下置顶显示回应内容，有力以正视听。

现在有个新词叫“出圈儿”，总书记提出的“大食物观”正是水产品及渔业“出圈儿”的大好时机。在高曝光下，难免会出现各式各样的问题，而这些问题所导致的负面舆论也是我们解决问题、讲好渔业故事、消弭生产者与消费者之间的“信息壁垒”的绝佳动力。让我们以“大食物观”为指导，将渔业更好地以正面形象带入大众视野，为渔业高质量发展贡献出更大的媒体力量。

大食物观视角下渔业捕捞存在的问题及法律对策研究

邢嘉琪　裴兆斌
大连海洋大学

一、问题提出

树立大食物观，向江河湖海要食物。通过广泛开发资源要素，拓宽食物来源，增加食物总量，以实现绿色高质量发展和食物的可持续供给，加快构建多元化的食物保障体系。中国的渔业发展迅速，有关的治理措施不断完善，“捕鱼难”“养鱼难”和“吃鱼难”等问题逐渐被解决，进一步为我国渔业持续稳定发展奠定了坚实基础。作为大自然的馈赠，渔业资源种类繁多、用途多样，使其可持续发展，可以更好地达到向江河湖海要食物的目的。随着捕捞业不断发展，渔业资源持续被开发利用，捕捞力度和强度大幅扩张，渔业资源过度利用问题突出。丰富的渔业资源是渔业发展的基础，如何平衡当下和未来的资源分配是可持续渔业需要解决的首要课题。

二、渔业捕捞存在的问题及原因分析

（一）渔业捕捞存在的问题

1. 捕捞强度超出生态系统可承受能力。从水中捕捞渔业资源是人类获取食物的重要方式，水产品具有保障人类营养的重要作用。随着科学技术不断进步，捕捞业蓬勃发展的同时也给渔业资源和涉渔环境带来了严峻挑战。渔业资源依靠自身繁衍实现世代生存延续，只要给渔业资源自身留下“种子”，就能持续收获相应的“果实”。一旦人类干预程度远超渔业资源自身的繁衍能力，过度违背自然规律，则难以实现渔业资源的永续利用，其后果也会波及人类本身。随着捕捞渔具数量、结构、操作技能不断发展，使用违规渔具以及采用电鱼、炸鱼、毒鱼等破坏性方式捕鱼的捕捞强度极大地破坏了渔业资源的再生能力，这些不节制的捕捞行为严重超出生态系统可承受的能力，增加了渔业资源枯竭的风险。

2. 渔业资源面临枯竭。渔业资源被过度利用和过度捕捞现象频发。传统渔业管理看重短期经济效益，严重的过度捕捞可能会导致渔业资源枯竭，无法长期提供可持续性的水产品资源。“先破坏后养护”“边破坏边养护”的传统渔业模式已经不足以达到“树立大食物观，向江河湖海要食物”的要求。生态系统是一个整体的自适应系统，其中包括不同的组成部分且相互之间存在千丝万缕的联系，不同组成部分之间并不能完全独立。人类针对某一组成部分实施过度捕捞的行为，很可能连带导致其他组成部分也受到影响。即使人类的主观意识和实际行为的范围是局部且有限的，但这种过度捕捞干预所引发的后果却可能会影响到整体的生态系统，甚至该影响是不可逆的。

3. 渔业执法难度大。渔业资源流动性强，破坏行为产生的影响并不能及时显现，与在陆地上执法相比，复杂多变的海上环境状况无疑增加了渔业执法工作的难度。为加强渔业资源的管理，各个地区推行不同渔业资源治理政策，致力于打造绿色可持续发展的中国渔业。即使不同政策的推行是为了更好地获得长期利益，但仍然会不可避免地影响渔民的短期经济效益。出于各种原因，部分渔民仍然会采用其他方式逃避执行政策，寻找政策漏洞，以追求自身的利益最大化，这也不可避免地增加了渔业执法的难度。

（二）渔业捕捞存在问题的原因分析

1. 渔业资源具有高价值性。渔业资源价值多样，内涵丰富。水产品作为世界上数百万贫困人口的营养和生计的主要来源，其重要性不可忽视。水产品在人类的膳食结构中具有重要位置，人均日食水产品可以提供约 142 焦的热量，每百克鱼肉可以为成人提供每日约 30%的所需蛋白质。水产品中具有高质量且易消化的动物蛋白，可以为人类补充其人体所需的微量元素。渔业资源的高价值性也增加了渔业资源过度开发的风险，渔民为了在短期内获得更高的经济效益，不断增加捕捞力度，造成捕捞量过多，渔业资源消耗殆尽。

2. 渔业资源具有波动性。在适宜的环境中，渔业资源可以通过自身的繁殖再生能力，维持自身种群的更新和补充。但是，渔业资源可再生性的另一面则是可枯竭性，在自然环境要素和人为干预因素的综合作用下，渔业资源的可再生能力遭到破坏，资源数量的动态平衡就会被严重影响，渔业资源数量则会产生波动。人类可以在合理且正当的限度内对渔业资源进行人为干扰，一旦超过限度，会给渔业资源带来不可逆的影响。

三、解决渔业捕捞问题的法律对策

（一）加强对非法捕捞行为的监管，细化政策内容

渔业资源管理实质上是对人类行为的管理，通过对人类非法捕捞行为的监管，进而达到管理渔业资源的目的。目前，全球对过度捕捞问题给予了极大的关注，通过颁布多项管理渔业资源的法律法规，形成较为完善的渔业法规体系。加强对非法捕捞行为的监管，积极打击非法和未经控制的捕捞活动，有助于恢复生态系统的平衡，提升水产品多样性，维护渔业资源的可持续发展。随着渔业发展形势的变化，为更好地管理渔业资源，需要推行更加具有清晰性和针对性的渔业治理政策，健全渔业法律法规及相关制度，避免其目标抽象、内容模糊。形成完善的渔业资源保护法律、法规和制度体系，做到“有法可依”，为渔业资源可持续利用提供制度保障。笼统性的渔业治理政策会导致执行者无法准确判断政策意图，无法

有效执行渔业执法工作。细化渔业治理政策，确保渔业资源的可持续捕捞，实现野生渔业资源及生态环境的恢复和可持续发展，有助于进一步完善大食物观，达到持续向江河湖海要食物的目的。

（二）均衡捕捞

近年来，“均衡捕捞”这一概念逐步引用到渔业领域。均衡捕捞主要是通过将捕捞压力按照自然生产力占比，尽量广泛地均摊到具备不同营养级、规模和物种的生态系统的方式，缓解整体上过度捕捞带来的压力①。对渔业资源进行科学的调查和评价，合理地确定渔业可捕捞总量。在管理中采用与资源再生繁殖速度相对应的渔业可捕捞总量，使得不同海域及沿海渔区可利用渔业资源的渔捞死亡率与其产量呈相对应的比例，达到长期保持总产量可持续的状态。转变传统渔业模式，坚持“预防为主，保护优先”②。完善我国渔业资源配额管理，尽量减少人为介入的捕捞行为对生态系统的影响，这是一种生态系统上的均衡状态，进而实现捕捞渔业的可持续发展。

（三）加大渔业执法力度，严格执行处罚标准

目前，非法捕捞和过度捕捞的现象频发，很大程度上是由于执法力度小，执法处罚不够严格，导致违法成本远远小于实施渔业非法行为可以收获的巨额经济利润。所以加大渔业执法力度，严格执行处罚标准是十分必要的。渔业资源管理方面同样适用“有法可依、有法必依、执法必严、违法必究”这一法治建设基本方针。加大渔业执法力度，严格执行处罚标准则主要聚焦于“有法必依”“执法必严”和“违法必究”这三部分。提高执法人员本身的素质，做到在执法过程中公平公正，在实施相关法律法规时，明确严格管理的力度，更好地贯彻法治建设基本方针。在渔业执法过程中，渔政执法工作人员应采用适当合理的执法力度和程序，维护法律法规

---

① 何妤如．渔业伦理视角下的现代渔业治理研究［D］．上海：上海海洋大学，2021.

② 王琪．浙江省海洋渔业资源可持续利用研究［D］．浙江：浙江海洋大学，2019.

应有的威慑力，严格执行处罚标准，增加渔业违法行为产生的成本，进而更好地控制渔业非法行为，真正做到“有法必依”“执法必严”和“违法必究”。不断提升渔业执法人员的职业操守和业务水平，推进文明执法工作，进一步增加渔业执法的有效性。

四、结论

在当前渔业资源危机的大环境下，当代人应当为后代人留有平等开发和利用自然资源的权利，如果任由危机升级，短期产生的经济效益很可能成为泡影，大大减少了后代人利用渔业资源谋求生存的机会。渔业资源和生态环境的问题具有长期性，人类干预行为产生的影响可能不会马上产生，而是在几十年甚至更久之后才会显现。为确保江河湖海能够源源不断向人类提供食物，就需要我们树立大食物观，保障可再生的渔业资源有足够维持其自身发展的空间。

践行大食物观　江苏滆湖湖水中粮仓建设的探索与实践

索维国　杨连飞

江苏省滆湖渔业管理委员会办公室（江苏省滆湖渔政监督支队）

习近平总书记强调，要树立大食物观，在保护好生态环境的前提下，向江河湖海要食物。渔业作为向江河湖海要食物的主要生产方式，能够提供优质蛋白，显著改善居民膳食结构，有效保障国家粮食安全。近年来，为贯彻落实习近平总书记关于大食物观的重要指示精神，不断增强责任感、使命感，加快推进渔业转型升级，拓展渔业发展空间，突出渔业生态治理效能，更好地提升人民群众的幸福感、安全感，滆湖迈出建设“水中粮仓”的坚实步伐。

一、滆湖推进大水面生态渔业发展建设“水中粮仓”的理论和实践内涵

习近平总书记“大食物观”拓展了传统粮食安全边界，促使我们从更广的维度、用更宽阔的视野把握国家粮食安全。在牢牢守住18亿亩耕地红线“藏粮于地”的同时，拓展“地”的空间内涵，在有序合理保障生态安全的前提下，向山水林田湖草要食物，将新时代“生态粮仓”融入山水林田湖草的保护与建设当中，让它们更有效地为人类提供食物。

滆湖推进大水面生态渔业发展建设“水中粮仓”，始终立足资源禀赋条件，坚持因地制宜原则，包括自然资源、区位优势、传统文化等各方面条件与优势。基于这些基础条件和优势，统筹谋划生

态渔业，打造滆湖水中生态粮仓，协调推进一二三产业融合发展。

滆湖推进大水面生态渔业发展建设“水中粮仓”，始终立足农业供给侧结构性改革，坚持为民服务原则，以社会需求为导向，以增加优质水产品供给为目标，努力让人民群众吃得丰富健康。不断拓展渔业生态、文化、经济以及社会等多种功能，满足人民群众对美好生活的需要。

滆湖推进大水面生态渔业发展建设“水中粮仓”，始终立足保护生态环境，坚持生态优先原则，注重水域生态环境保护，在向湖泊要食物的同时，坚持大水面生态渔业在水域生态环境保护与修复中的地位，在科学评价水域承载能力的情况下，合理确定生态渔业放养品种及容量，促进水生生物资源合理利用的同时，不断改善水域生态环境，实现可持续发展。

二、滆湖推进大水面生态渔业发展，建设“水中粮仓”的主要做法

（一）正确认识生态保护与经济发展的关系

滆湖以习近平生态文明思想和关于长江大保护重要指示批示精神为思想基础，筑牢严格禁止天然渔业资源生产性捕捞的生态基础，积极谋划生态增殖渔业发展。坚决保护滆湖水生生物资源的同时，利用滤食性鱼类的控藻净水作用，发挥生态渔业的环境治理效能，实现保护与发展的协调统一，既防止过度索取破坏生态环境，也避免用“一刀切”的手段执行上级政策。

（二）科学制定实施方案推进生态渔业项目建设

地方政府委托中国水产科学研究院淡水渔业研究中心，先后编制了可行性研究报告、实施方案及试验区建设方案等。学习借鉴浙江千岛湖等以渔控藻、以渔净水的湖泊生态渔业成功案例，积极探索滆湖生态修复型大水面增殖渔业发展模式。省滆湖渔管办联合武进区政府及地方发展改革委、生态环境、农业农村、水利等部门召

开滆湖以渔控藻生态修复项目专题会议，各部门合理推进项目实施。

（三）规范开展生态增殖渔业试验运营

在沿江高速以南、太滆河口至嘉泽避风港连线以北水域，建设面积约 5 万亩的滆湖大水面生态渔业试验区。滆湖渔管办严格落实监管责任，通过完善的制度体系、全过程监管措施和科学技术支撑，多措并举确保试验区规范运行。在滆湖渔管办的监督下，试验区已累计投入资金 900 余万元，投放鲢鳙苗种 800 多万尾。

（四）明确界定增殖渔业与天然渔业资源的权属

滆湖生态渔业发展首先明确增殖渔业资源的所有权问题，避免“公地悲剧”。在试验区内投放的增殖品种由增殖渔业试验区运行主体所有，天然渔业资源及各级财政资金投入的增殖渔业资源仍属国有。试验区运行主体只能在试验区内起捕自行投放的增殖渔业资源。

（五）严格落实大水面生态增殖渔业监管责任

滆湖渔业行政执法机构严格监管生态渔业试验区投放、管理及起捕活动。严把苗种质量关、严格禁止药物饵料等养殖投入品投放、严格实施负责任的精准捕捞，有组织、有计划、科学精准实施，严格控制增殖渔业起捕活动对天然渔业资源的误捕，最大限度降低对天然渔业资源的破坏和影响。

三、滆湖推进大水面生态渔业发展，建设“水中粮仓”的效益分析

（一）滆湖水域生态环境显著改善

滆湖大水面生态渔业从控藻、固碳、固氮、固磷等多方面消纳湖区污染物负荷，改善湖区水环境质量。据中国科学院水生生物研究所估算，滆湖 5 万亩生态渔业试验区目前鲢总量约 1 044.3 吨、鳙

约6 458.2吨，根据《中华人民共和国水污染防治法释义》第50条定义的数值计算，现存鲢鳙资源合计已经固定氮222.74吨、磷12.02吨、碳905.5吨。滆湖生态渔业试验区对控制蓝藻水华大规模爆发也具有积极意义。通过大规模增殖品种的起捕活动，还能够将固定的氮磷等彻底从滆湖水体中移除，并同时转化了大量固定的碳，服务国家双碳战略。

（二）渔业功能与产业结构优化调整

滆湖大水面生态渔业立足良好的生态效益、社会效益和经济效益，为产业兴旺作出重要贡献。通过技术创新和制度创新，全面推动滆湖渔业生态绿色健康发展，将滆湖从过去单向索取、过度捕捞、过度养殖的生产型湖泊，向渔业发展与生态保护相得益彰的生态湖泊转型，进而带动沿湖生态渔业产品加工运输业、湖区休闲观光旅游业等各类产业的发展。

（三）长江十年禁渔政策有效落实

滆湖通过试验区的建设，为“失水”渔民提供就业岗位，已吸纳37名退养退捕渔民就业，并通过上下游产业间接带动近200个就业岗位，让渔民获得稳定的“劳务性收入”，后续通过进一步延伸渔业产业链，发展以增殖渔业为主导产业，探索水产品加工、渔文化体验、休闲渔业及渔业品牌建设，加强沿湖渔村建设和促进离水渔民就业创业，为保障退养退捕渔民生计作出贡献，助力“十年禁渔”政策落实落细落稳。

四、滆湖推进大水面生态渔业发展，建设“水中粮仓”的重要启示

（一）对减少粮食消耗意义重大

随着中国人民生活水平提升，畜禽水产品等动物蛋白消费增加，饲料粮消耗持续增长。据相关研究，到2030年饲料粮将增至4亿吨左右，饲料粮缺口很大。发展大水面生态渔业可以有效缓解

畜禽水产养殖对饲料粮的需求压力。滆湖 5 万亩大水面生态渔业试验区现有约 4 300 吨可捕增殖资源，如果生产相同的猪肉，按 3.2∶1 的饲料系数计算，需要消耗 1.376 万吨饲料粮。

（二）对居民膳食结构意义重大

为更好满足人民群众日益多元化的食物消费需求，必须树立大食物观，构建食物安全保障体系，既要保障“米袋子”安全，也要保障“菜篮子”安全。水产品是居民菜篮子重要组成部分，水产品作为优质蛋白质的来源，对促进中国居民的健康饮食具有重要意义。按照《中国统计年鉴-2021》公布的中国居民水产品人均年消费量 13.9 千克计算，滆湖 5 万亩大水面生态增殖渔业产品，每年能够满足约 30.9 万人的水产品消费需求量。

（三）对缓解耕地压力意义重大

树立大食物观，从耕地资源向整个国土资源拓展，向江河湖海要食物，全方位挖掘食物供给潜力，是缓解耕地矛盾，减轻耕地压力的有效途径。按照滆湖 5 万亩生态渔业试验区年产 4 300 吨水产品估算，生产相同的猪肉，大约需要 4.3 万头生猪，按年出栏一头商品育肥猪所需土地面积 3 平方米计算，可以节约 193.5 亩养殖设施用地，能够减轻土地非粮化倾向。另一方面，根据国家统计局公布的 2021 年主要农作物平均亩产，仅滆湖 5 万亩生态增殖渔业产品节约的饲料粮，就相当于节约大豆播种面积 10.58 万亩。

五、下一步发展的对策建议

新形势下，面对百年未有之大变局，大水面生态渔业在保障国家粮食安全战略中作用独特，是大粮食安全保障体系的重要补充。下一步滆湖将在习近平总书记大食物观的引领下，立足人民日益多元化的食物需求，不断夯实生态渔业发展基础，大力推进绿色生态“水中粮仓”建设，奋力构建同市场需求相适应、同滆湖资源环境承载力相匹配的生态渔业发展新格局，走出一条保护生态、科学利用、产业融合的生态渔业绿色高质量发展之路。

一是进一步突出大水面生态渔业生态治理效能。基于非经典性生物操纵理论，根据不同水生生物的生物学、生态学特征和生物之间的互利共生关系，增加螺贝等底栖生物和翘嘴鲌、黄颡鱼等土著品种鱼类作为增殖品种，构建多营养层级立体生态治理模式，更好实现水域生态环境治理和水生生物多样性修复目标，并拓展大水面生态增殖渔业产品多样性。

二是着力提升滆湖大水面生态渔业技术装备现代化和信息化水平。通过与科研院所对接，加强跨领域的产学研合作，集成应用现代渔业新装备、新技术，开发适合浅水型湖泊的渔业资源增殖管理及增殖产品起捕、水产品加工等功能的现代化渔业设施装备；构建基于物联网的大水面生态渔业生产和管理系统，对渔船、生态渔业经营主体进行数字化改造，建立水产品产供销大数据平台，深化大数据等信息技术在生态渔业生产、经营、管理和服务全链条的创新应用。

三是深入推进一二三产业融合发展。大力发展观光渔业、渔事体验、休闲垂钓、科普教育、文化健康、渔文化保护与开发等多种形式的休闲渔业，带动促进退养退捕渔民转产就业增收致富。加快制定滆湖休闲渔业管理办法，强化环境保护、安全生产、休闲渔船管理、休闲垂钓活动管理等制度。引导休闲渔业经营主体标准化生产、规范化经营。

创新渔业绿色生态养殖模式 提供优质蛋白质食物保供给

奚业文
安徽省水产技术推广总站

创新渔业绿色生态养殖模式，是提供优质蛋白质食物供给最有效途径之一，2020 年全国所有水产养殖模式水产品平均单产为 620.51 千克/亩，按照“蛋白质平价”折算，相当于 1 亩水面可以生产水稻 2 545.68 千克，是向江湖河海、池塘水库、设施渔业等要食物的具体体现，是落实国家大食物安全观的实际行动。

一、创新渔业绿色生态养殖模式

（一）主导品种池塘绿色高效养殖模式

围绕安徽省建设“两强一增”渔业现代示范区和池塘养殖单产倍增的总目标，以保障水产品安全有效供给和促进渔民持续增收为中心，突出水产养殖主产区生态环境质量的稳步提升，按照“养殖池塘容量翻倍、进排水系统独立分开、渔业机械保质增量、尾水治理配套合理、电力设施保障生产、池埂护坡因地制宜、池埂道路整齐划一、功能完善环境优美”的要求，实施 50 亩以上绿色养殖池塘标准化改造工程，大幅度提高养殖池塘生产能力、资源利用率和管理效率，使现有池塘容量翻倍，相当于使现有 300 万亩池塘变成“600 万亩”池塘；实现主导品种等的池塘绿色高效养殖。

（二）河蟹青虾池塘多营养层级综合养殖模式

多营养层级综合养殖技术模式，在安徽省马鞍山市等地普遍推广，实施面积60万亩左右，采取"种草、移螺、稀放、混养、调水"生态养殖模式，注重水草移栽、生态维护、水质调节、配合饲料营养配比与投喂，利用池塘的时空和养殖品种的生活习性，以养殖虾蟹为主，配养鳜、鲢、鳙等品种，充分挖掘池塘水体生产潜力，建立池塘多营养层级养殖模式。

（三）名贵水产品池塘循环流水等设施渔业有序发展

在池塘中建设标准化养鱼流水槽，流水槽中高密度"圈养"吃食性鱼类，通过增氧推水装置在流水槽中形成高溶氧水流，流水槽和净化池塘成为一个流水循环系统，利用粪污收集装置收集后为水培花果蔬菜等提供营养，进行资源化利用。安徽是池塘循环流水养鱼技术重点省份之一，养殖品种有草鱼、团头鲂、斑点叉尾鮰、加州鲈、鳜等名贵水产品。

（四）泉水鱼产业高质量发展

以黄山市为代表的山泉流水养鱼产业高质量发展。先后培育了龙田小镇、板桥泉水鱼、石屋坑泉鱼、茶子岭泉水鱼、龙坑源等5个泉水鱼品牌，注册龙堂、鲩源、徽泉、一线泉、龙坑源、新安山泉、石屋坑、石门坞等8个泉水鱼商标，初步形成一批有一定知名度和规模的山泉流水养殖家庭农场和企业。

（五）大水面生态渔业在保护区外稳步发展

目前，在严格执行长江十年禁捕的基础上，抓好国家水产种质资源保护区水产品种的保护，以非禁捕区域的中小型湖泊、水库利用为主，全省湖泊水库利用面积100多万亩，渔业利用方式以人工增殖方式为主，即"人放天养"；人工投放品种以鲢、鳙等滤食性鱼类为主，利用湖泊、水库等天然饵料资源生产优质绿色的水产品。

二、渔业绿色生态养殖模式的经济、生态和社会效益

（一）渔业绿色生态养殖模式的经济效益

渔业绿色生态养殖模式经济效益显著：池塘生态养殖鳜平均单产 600 千克/亩，平均产值 4.8 万元/亩，利润 1.2 万元/亩。池塘河蟹的多营养层级养殖，平均单产 100 千克/亩，产值 8 000 元/亩以上，利润在 4 000 元/亩以上。池塘工程化流水养殖加州鲈按照流水槽面积计算折合平均产量 2.7 万千克/亩，产值 85.5 万元/亩，利润 32.55 万元/亩。大水面生态增殖渔业，平均单产 15 千克/亩左右，产值 300 元/亩左右，利润在 200 元/亩左右。

（二）渔业绿色生态养殖模式的生态效益

“渔业碳汇”是通过渔业生产活动促进生物吸收水体中的二氧化碳，并以收获、沉积等方式形成碳汇的过程，水产养殖是其中的重要类型。大力发展生态健康养殖，不仅不会造成水域环境污染，还会改善水域生态环境，服务国家“双碳”战略。水产养殖业已经成为我国修复水域生态环境的重要方式，对保护水域生态环境发挥重要作用。我国海水养殖中贝藻类，以及淡水养殖中的鲢、鳙等滤食性鱼类，都对环境有着良好的净化修复作用。2016 年仅鲢、鳙增殖一项就可以消除水体中的氮大约 37 万吨、磷 14 万吨。

（三）渔业绿色生态养殖模式的社会效益

水产养殖用药减量行动持续推进，药物使用量进一步下降。池塘养殖类试验示范点，池塘养殖常规鱼类，渔用兽药使用量平均下降 8.23%，抗生素类药物使用量下降了 11.35%。池塘养殖特色品种试验示范点，渔用兽药使用量平均下降 10.8%，抗生素类药物使用量下降了 12.17%。集装箱和山泉流水养殖试验示范点，渔用兽药使用量平均下降 14.3%，抗生素类药物使用量下降了 17.4%。水产品质量安全水平得到极大提高，水产品检测合格率 99%以上。为

消费者提供绿色安全优质水产品，有利于消费者的身心健康，可以激发他们的聪明才智和创造能力，推动社会不断进步。

三、渔业绿色生态养殖模式是保障优质蛋白质食物供给的最有效途径之一

（一）渔业是保障优质蛋白质食物供给有效途径之一

随着社会经济水平的快速发展，人民饮食已经不局限于主粮，营养需求日益多元、全面、均衡，我们要树立科学的“大食物观”，粮食安全不仅包括水稻、小麦、玉米、土豆等主粮的安全，还包括水产品、肉、奶、果蔬类等食物的安全。我国水产养殖发展迅速，养殖产量连续二十多年居世界第一，占全球总产量近七成，为我国城乡居民提供了1/3的优质动物蛋白，对保障国家食物安全发挥了重大作用。按照所有水产品鲜重平均蛋白质含量16%、稻米平均蛋白质含量6%进行折算，2020年全国水产品总产量6 549.01万吨，可为全国人民提供1 047.84万吨优质水产蛋白质，相当于17 464万吨稻米提供的蛋白质含量；按照稻谷平均出米率65%折算，相当于26 867.69万吨稻谷；按照水稻平均亩产500千克/亩，相当于53 735.38万亩稻田生产的水稻。也就是说2020年全国池塘滩涂湖泊水库沟渠等10 554.16万亩水面，按照“蛋白质平价”折算，相当于增加了53 735.38万亩稻田生产的水稻。2020年全国所有水产养殖模式水产品平均单产为620.51千克/亩，同样按照“蛋白质平价”折算，相当于1亩水面可以生产水稻2 545.68千克。所以说发展渔业绿色生态养殖模式，是提供优质蛋白质食物供给最有效途径之一，是向江河湖海、池塘水库、设施渔业等要食物的具体体现，是落实国家大食物安全观的实际行动。

（二）水产品与国民健康关系

水产品脂肪为高度不饱和脂肪酸，特别是二十碳五烯酸（EPA）和二十二碳六烯酸（DHA）等对人体健康和一些疾病的治

疗有极其重要的作用，能防止因血液凝固而形成的血栓，如北极地区人以水产品为主食，血液中 EPA 含量极高，很少患动脉硬化症，心肌梗死死亡率是同时代丹麦人的 1/10。EPA 不仅能防止血栓形成，对动脉硬化和高血压也有疗效，但它自身不能在人体合成，人类必须通过摄食含有 EPA 的食物特别是水产品获取。

2018 年中国国民健康与营养大数据表明：患血脂异常的有 1.6 亿人，患高血脂的有 1 亿人，患高血压的有 2.7 亿人；中国 22%的中年人死于心脑血管疾病，中国一年用于治疗心脑血管疾病费用达到 3 000 亿元。如果能调整食谱结构，将水产蛋白作为食物蛋白主要来源，将大大减轻心脑血管疾病对国民健康的危害。

（三）水产品与民族创新能力关系

长期坚持摄食水产品，对智力发展很有帮助。水产品的脂肪中含有丰富的 DHA，特别是鱼头、鱼眼中 DHA 含量高达 40%～70%。DHA 是能直接进入人体脑细胞中为数不多的物质之一，它具有改变脑神经细胞膜分子结构从而导致细胞柔化的作用，柔化后的脑细胞神经键传达信号和接收信号也更为容易，信息传递更迅速。民族创新能力取决于很多因素，如政治制度、文化体系、文化传承、教育体制、社会价值观取向、经济繁荣程度等，但就基础而言，民族的智商以及健康人群比例的提高，能最直接地促进民族创新能力暴发。因而优质水产品是民族创新能力不断提升的物质基础之一，我们还要继续呼吁“全民吃鱼”“吃好鱼”，为实现中华民族伟大复兴贡献出渔业力量。

建设“蓝色粮仓”让大食物“腥”味十足

王　欣　景福涛　刘　鹏　于本淑
山东省渔业发展和资源养护总站

水产品作为重要的菜篮子产品，是优质动物蛋白来源之一，在大食物结构中占有重要地位。2021 年全国水产品总产量 6 690 万吨，其中水产养殖产量 5 394 万吨，占比 80%，表明水产品供应主要依靠水产养殖。水产养殖作为“可以减少谷物以换取优质动物蛋白最有效率的技术”，既不与人争粮，又不与粮争地，涵盖多个营养层级，能为人类提供更加优质、健康、安全的动植物蛋白，在保障食物安全和优化国民膳食结构方面具有重要意义。

我国海域面积广大，河湖众多，是储备水产品的天然“蓝色粮仓”。我们应加强对江河湖海的保护、开发和利用，宜渔则渔，着力解决养殖空间和养殖效率两大问题，构建同市场需求相适应、同资源环境承载力相匹配的“蓝色粮仓”，为大食物增添“鲜”味。

一、拓展养殖空间，丰富“大食物”来源

养殖空间直接影响着水产品产量，是水产养殖发展的重要载体。目前我国主要通过推进深远海养殖、发展大水面生态渔业、开发低洼盐碱地渔业和稻渔综合混养等方式拓展养殖空间。

一是研制智能装备，赋能养殖走向深蓝。发展智慧海上养殖主要有深海网箱和养殖工船这两种方式，其养殖水体和养殖产量是近

海传统小型网箱的几十倍到几百倍。例如“深蓝1号”在离岸120多海里的黄海冷水团海域，养殖水体约5万立方米，设计年养鱼产量1 500吨，年可收获30万条成品三文鱼，年产值1亿余元。全球首艘10万吨级智慧养殖工船“国信1号”，年产高品质鱼类3 700吨，实现了“种粮于海，产粮于海，存粮于海”。

二是发展生态养殖，促进大水面渔业可持续发展。大水面渔业具有重要地位，其面积、产量分别占全国淡水渔业的46%、15.42%。大水面发展核心是发展环保渔业及经济水生动物的人工放流，做好生态治理、变闲为用和稳定发展等工作。为发展“以渔治水”和“以渔养水”的大水面生态渔业模式，山东年均统筹各类资金5 000余万元，在大水面湖泊增殖放流鲢、鳙、草鱼、中华绒螯蟹等约1亿单位，有效改善了资源环境，提高了渔业收益。

三是科学开发盐碱地，建立多元化绿色养殖模式。我国盐碱地面积约14.87亿亩，发展盐碱地水产养殖，对有效利用国土资源、保障我国粮食安全具有重要意义。目前主要通过改良水质和选择适养品种开发盐碱地。例如在黄河三角洲地区，开创了“渔盐一体化”生态养殖模式，通过“盐田养虾-提溴-养卤虫-制盐”方式，实现对海水“无污染、零排放”式的充分利用，养殖面积33万亩，年产南美白对虾3万余吨，养成的盐田虾肉质紧弹、纤维粗、虾青素含量高。

四是发展稻（藕）渔综合种养，实现一田双收。稻（藕）渔综合种养可以充分利用空间，进行立体开发，增加水产品产量的同时保证水稻、藕产量不降低。山东目前主推的克氏原螯虾藕塘生态养殖技术，利用莲藕对水质具有净化作用、藕叶为虾遮阳避光等特点，为克氏原螯虾创造一个最接近自然生存环境的生态条件，平均亩产克氏原螯虾150千克以上、无公害莲藕1 500千克以上，节能15%以上，减少排放尾水20%以上，实现亩净增效益2 600元。

二、提高养殖效率，增加"大食物"产量

在摆脱传统水域限制的同时，我国还通过创新高效养殖模式、发展现代设施渔业、培育高效种子"芯片"等手段提升水产养殖潜能。

一是创新养殖模式，提高养殖效率。绿色高效的养殖模式能够在有限的养殖空间内提升水产养殖效益。山东探索出了北方南美白对虾"135"分级接续双茬高效养殖技术模式，解决北方南美白对虾适养温期短、病害多发等系列问题，有效提高了养殖池塘资源利用效率，现已累计推广养殖面积48万亩，总经济效益22亿元；此外，池塘虾蟹贝立体养殖模式、浅海多营养层级立体养殖模式，分别在日照、潍坊、滨州、威海等地获得广泛推广，如威海桑沟湾"海带-龙须菜-虾夷扇贝-皱纹盘鲍"模式中，海带、龙须菜、虾夷扇贝、皱纹盘鲍的平均产量分别达到27.4吨/公顷、66吨/公顷、31.5吨/公顷、18.4吨/公顷。

二是提高育种技术，丰富养殖品种。育种技术的提高能够更好地使水产品产得出、供得优、供得多样，满足人民群众日益多元化的食物消费需求。研发出更高质量的水产新品种是保障水产品产出的关键，目前通过全国水产原种和良种审定委员会评定的水产新品种达到266个。培育的刺参"华春1号"具有高温耐受力强、生长速度快的性状，规模化生产养殖到18月龄的度夏成活率较普通刺参提高30%以上，收获亩产提高60%以上，较普通刺参养成周期可缩短3～6月，性状稳定，增产效果显著；培育的长牡蛎"海大4号"，在相同养殖条件下与母本相比，10月龄体重提高62.5%，成活率提高11.5%，与父本相比，10月龄体重提高12.2%，成活率提高16.6%。

三是发展设施渔业，推进产业升级。设施渔业作为推进水产基础产业升级前提，运用现代化手段实现了对养殖环境的人工控制，达到了高产、优质、高效的目的，有力提升了经济效益和生态效益

的有效结合。设施渔业的发展，加快了池塘标准化改造和尾水达标治理、工厂化循环水养殖和大型智能养殖等模式的推广，有效提高了渔业综合生产能力和集约化水平。目前设施渔业以高效设施和渔业装备为重点，主要包含网箱养殖、循环水装备、流水槽、陆基圆池等。2021 年，全国网箱养殖产量达 124 万吨，工厂化养殖产量达 68 万吨。

三、下一步发展建议

“大食物观”拓展了传统的粮食边界，对渔业发展赋予新的内涵，指导我们从更广的维度认识和把握粮食安全。构建大食物安全观是重大的民生问题，更是重大的政治问题。建设“蓝色粮仓”除了上述两方面工作外，还要有系统思维，多措并举。

一是健全扶持政策，打造践行“大食物观”先行地。践行大食物观，打造“蓝色粮仓”需要政府财政资金和社会各方面资金的投入。各级政府应制定水产养殖发展规划，做好与乡村振兴战略、黄河流域生态保护和高质量发展战略、种业振兴战略的相互融合，出台具体的扶持政策，设立渔业发展专项资金，扶持企业做大做强，着力打造特色优势产业，大力推广生态、高效、健康养殖技术模式，不断提升水产养殖业集约化、标准化、产业化、现代化发展水平。

二是发展水产加工业，烹饪丰富的“大食物”品种。水产品加工业是渔业生产的纵向延伸，对践行大食物观具有重要意义。因此，必须把做大做强水产品加工业视为“蓝色粮仓”建设的重要任务，大力发展养殖水产品初加工和精深加工，立足市场需求，开发和生产适应不同消费层次需求的水产品，加强水产品加工副产物利用率，建设现代化水产品物流骨干网络和冷链物流体系，提升水产加工品储存技术，建立水产品现代物流体系，完善产、加、购、运、储、销供应链，建成一批以水产养殖业为主导的现代加工产业园。

三是加快智能渔机研发应用，提升水产“大食物”生产效率。智能渔机是多学科技术的综合成果，能够在减少人力物力的同时，提高生产效率，要在引进其他高新技术的基础上，提高自身科技创新能力，为水产养殖智能化、装备化提供技术支持。大力推广智能渔机研发应用，积极推进智能化生产基地建设，提高设施渔业集约化生产水平，不断提升投入产出率。

四是加强渔业技术推广，培养“大食物观”人才。建立健全省、市、县三级渔业技术推广体系，保证新品种、新技术的顺利推广，提高渔业科技成果转化率。合理布局渔业技术推广机构设置，重点加强乡镇及区域站建设，为渔业生产中亟须解决的科技问题提供有效的服务。加大渔民技术培训力度，形成长效的渔民培训机制，提高渔业生产者的科技水平和整体素质。

五是提升品牌效应，培育高品质“大食物”产品。加强水产品品牌建设，推进公共品牌认定，鼓励水产品企业创建自主品牌，提升水产品影响力和竞争力。加强对水产品质量的管理和控制，细化水产品标准要求，完善质量认证体系，为提升品牌效应提供品质保障。组织开展一系列品牌宣传、推广和保护活动，提高产品的知名度，促进产品的销售。

大食物观视阈下我国“蓝色粮仓”建设重点及对策建议

韩立民　梁　铄
中国海洋大学海洋发展研究院

“蓝色粮仓”是以保障国民食物供给、优化膳食结构、推进海洋渔业健康发展为目标，以海洋空间为依托，以海洋生物资源开发为手段，以现代海洋高新技术应用为特征，以海洋水产品生产及其关联产业为载体的海洋食物供给系统。习近平总书记指出：“老百姓的食物需求更加多样化了，这就要求我们转变观念，树立大农业观、大食物观，向耕地草原森林海洋、向植物动物微生物要热量、要蛋白，全方位多途径开发食物资源。”

海洋水产品不仅是国民食物的重要来源，也是保障国民营养健康的重要功能食品。我国陆域生态系统有限的资源环境承载力难以满足居民日益增长的动物性食品消费需求，我们必须跳出陆域空间，充分挖掘海洋在食物供给方面的巨大潜力，大力建设“蓝色粮仓”。

一、建设“蓝色粮仓”的战略意义

基于大食物观视角，建设“蓝色粮仓”有三个方面作用。

一是为我国粮食安全提供重要保障。进入21世纪以来，全球粮食供给形势日益严峻，粮食安全问题已成为国际社会关注的焦点。联合国粮食及农业组织发布的《2022全球粮食危机报告》显示，2021年粮食不安全程度进一步恶化，有53个国家或地区约1.93亿人经历了粮食危机，比 2020 年增加近 4 000 万人。从我国情况看，粮食安全总体形势是口粮安全能够得到保障，但随着经济发展和消费升级，居民动物性食品消费需求日益增长。我国海水养殖与海洋捕捞每年可提供约 3 000 万吨的动物性产品，能够为我国粮食安全提供重要保障。

二是提高居民膳食质量。海洋动物中含有丰富的人体所必需的八种氨基酸和不饱和脂肪酸，这是畜禽肉和植物性食物不具备的。海虾、海鱼中钙的含量是畜禽肉的几倍至几十倍，牡蛎中富含锌元素，海带、紫菜中富含碘元素。海洋食物还含有特殊的生物活性物质，对生物体和人体具有重要的生理功能调控作用。海洋食物营养丰富，改善了居民的膳食结构，为提升我国居民健康发挥了重要作用。

三是减少对陆地资源环境的消耗。与陆地肉类生产模式相比较，海洋食物生产系统在空间资源占用、水资源消耗、化肥及饲料使用等方面的节约效应十分显著。根据中国海洋大学深蓝渔业发展战略课题组测算，1.42 千克动物性海洋水产品提供的蛋白质量约等于 1 千克猪肉，而每生产 1 千克猪肉需要消耗 4 千克原粮。我国粮食平均单产约 360 千克/亩，每亩耕地灌溉用水约 300 吨。据此估算，我国海洋食物体系能够替代肉类（猪肉）约 2 千万吨，相应能够替代约 8 千万吨粮食（原粮），由此节约耕地约 2.3 亿亩，节约淡水约 700 亿吨。

二、“蓝色粮仓”建设面临的主要约束

一是近海养殖空间约束。我国水产养殖产量占全球的 60%以上。但是，我国海水养殖主要分布在沿岸滩涂、浅海、港湾区域。随着滨海区域经济社会快速发展，对海岸带空间需求不断上升，可用于海水养殖的近岸空间日渐缩小。另一方面，广阔的深水海域尚未被充分开发。我国沿海水深小于 15 米的海域总面积为 18 000 万亩，已开发面积不足 20%。

二是海水养殖业环境约束。海水养殖造成的环境污染主要表现为养殖海域的富营养化及底质有机物、病菌及重金属超标，主要是由养殖过程中所产生的养殖污水、残饵、药物残留及排泄物等造成。《2021 中国海洋环境状况公报》显示，2021 年全国实施监测的河口、海湾、滩涂湿地等养殖区所处的海洋生态系统中，处于亚健康状态的占 75%。在环保监管日趋严格的大背景下，近岸海水养殖带来的环境污染问题使其发展受到限制。

三是近海捕捞发展约束。根据国家渔业区划调查以及专属经济区和大陆架海洋生物资源补充调查结果，初步判断我国的海洋生物资源量在 1 600 万吨左右。按照国际通用的 0.5～0.6 的可捕系数计算，我国海洋渔业资源可持续的年可捕量为 800 万～1 000 万吨（2020 年我国近海捕捞产量 947 万吨），超出这一限度的捕捞，会严重损害渔业资源。

三、新时期“蓝色粮仓”建设重点：大力发展深蓝渔业

“十四五”我国“蓝色粮仓”发展重点是：以技术创新为驱动，突破近海生物资源与海洋空间限制，尽快实现蓝色发展战略空间的转换，利用多种手段向更深远的海洋空间要食物资源。

（一）大力发展深远海养殖

一是充分发挥我国近海空间资源丰富的优势，引导海水养殖由近岸滩涂、浅海向离岸深水拓展，结合各区域资源环境条件，探索大型离岸深水网箱、远海养殖工船、深水底播及立体生态养殖等多种技术经济模式，缓解近海浅水养殖压力，减少沿海养殖污染。二是针对离岸海域增养殖生产的特殊性，依托渔业龙头企业和相关科研院所，结合现代化海洋牧场建设，探索完善基于自动化、信息化、网络化手段的深水网箱、离岸底播等养殖模式的生境检测、饵料投喂、养殖管理、养殖技术体系。三是突破离岸

海水养殖技术体系不完备、经营模式不配套和政策支持不到位的“三不”约束，降低离岸养殖成本，提升规模化水平。培育适应离岸养殖发展的后勤补给、冷链物流、加工运销等新业态。此外，还应加强海洋生物育种研发力度，培育适用于离岸、深水的优质高效养殖品种。

（二）积极拓展远洋捕捞空间

一是大力发展远洋渔业资源探测预报技术，提升我国在国际渔业组织中的参与度与话语权，加强与海洋渔业资源丰富的国家进行渔业合作。二是鼓励海洋捕捞企业向远洋公海和过洋捕捞发展，参与全球渔业资源开发竞争，开发新的公海和过洋渔业资源。三是提升远洋渔业装备技术水平，加快海洋捕捞船舶装备更新和升级换代，着力推进远洋捕捞关键技术和装备自主研发进程，推动海洋捕捞技术的升级换代。四是破除远洋水产品冷链运输约束，增强仓储和运输能力，扩大国内市场流通半径。五是大力开发南极磷虾资源。南极磷虾资源可开采潜力巨大，是集远洋捕捞与精深加工于一体、技术门槛高、产业链长、产业经济价值大的新型业态。建议尽快制定南极磷虾资源开发战略，促进我国在南极磷虾资源开发和精深加工领域实现突破。

（三）努力提升海洋水产品精深加工水平

一是适应我国消费升级需要，以海洋水产食品的稳定高效供给为导向，从数量和质量两个层面整合海洋水产品生产、加工、流通产业链条，完善“蓝色粮仓”产业链。二是重点推进海洋水产品加工技术创新工程，以海洋生物活性成分提取和海洋生物制品产业培育为导向，加快水产品精深加工技术创新，开发功能性海洋生物新产品，满足国民营养健康需求。三是积极培育远洋水产品国内市场，大力开展对远洋水产品绿色健康、高营养、低脂肪等品质特征的宣传，发展远洋水产品精深加工，创新产品形态，延伸产品功能，引导国民消费。

（四）以海洋生物资源保育为基础推进产业融合发展

一是改变传统的资源依赖型产业发展模式，加大海洋水产资源恢复和近海渔业生境修复投入，加快海洋牧场和水产资源保护区建设，建立产业、资源、生态协调发展的海洋资源保育和水产品生产新模式。二是推动海洋水产品生产、海洋旅游、海洋生物医药及海洋生态环保产业的融合发展，积极培育海洋休闲渔业、海洋生物制品、海洋生态环保等跨界融合新业态。

四、结束语

“深蓝渔业”是新时期我国“蓝色粮仓”建设突破的重点。“深蓝渔业”发展依赖于创新驱动，需要加大种苗生产、生态养殖设备、疫病防治、深远海网箱及养殖工船制造、饲料生产、智慧化观测设备等方面技术研发力度，推动相关产业集聚发展。以“深蓝渔业”建设为突破点，陆海统筹提升海洋食物生产的规模、效率和竞争力，推动“蓝色粮仓”高质量发展，可持续提高我国粮食安全的保障能力，提升我国居民的营养保障水平。

以“大食物观”深挖内陆渔业养殖新潜力

张仰斌
聊城市农业农村局

民以食为天，保障粮食等重要农产品供给，是国家安全的底线和基础。习近平总书记强调：“要在保护好生态环境的前提下，从耕地资源向整个国土资源拓展，宜粮则粮、宜经则经、宜牧则牧、宜渔则渔、宜林则林，形成同市场需求相适应、同资源环境承载力相匹配的现代农业生产结构和区域布局。”我们必须深入学习习近平总书记的重要指示批示精神，树立“大食物观”的重要思想理念，加大渔业振兴改革创新力度，不断拓展渔业发展思路，深入挖掘渔业养殖新潜力，提升渔业产业效能，助力乡村振兴战略全面实施。

一、充分发挥内陆渔业稳产保供作用

水产养殖业是保障我国食物安全的重要产业，在稳产保供方面发挥着举足轻重的作用。2021 年我国水产养殖产量 5 394 万吨，其中鱼类产量为 2 824 万吨，占比 52%，为增加优质动物蛋白供应、提高全民营养健康水平、保障我国食物安全和促进全球水产品有效供给等作出了重要贡献。随着经济发展水平不断提高，人民群众对水产品需求持续增加。据统计，2021 年我国人均水产品占有量达到 47.4 千克，比 2012 年增加 6.9 千克，增幅达到 17%，我国水产品人均占有量超过世界平均水平，城乡居民膳食能量尤其是水产品高蛋白营养得到充足供应。

聊城市是山东省重要的淡水鱼供应基地，东阿黄河鲤、茌平鲈、高唐锦鲤是享誉全国的聊城市三大特色名鱼，高唐县荣获“中国锦鲤之都”称号，东阿县荣获“中国黄河鲤鱼之都”称号。全市渔业养殖面积 7.4 万亩，渔业产量 6.5 万吨以上，渔业产值 31 亿元。其中，东阿黄河鲤年产值 6 亿元，茌平鲈年产值达到 2 亿元以上，并建有华北最大规模的工厂化加州鲈苗种销售及养殖基地。聊城市水产养殖业产值增幅位居农林牧渔四类产业年度增加值的首位，成为全市稳产保供的重要支柱产业，为做好稳产保供作出了明显贡献。

二、创新内陆渔业养殖发展“新路径”

（一）开拓创新，向乡村“废弃池塘”要食物

聊城市水产养殖受内陆自然条件限制较多，存在场所资源匮乏、产业效益不高等短板弱项。为有效破解内陆渔业产业发展“瓶颈”，聊城市在山东省首次开展利用乡村“废旧坑塘”发展水产养殖，取得明显成效。一是周密调研谋划。聊城市拥有村庄 6 104 个，共有乡村坑塘 1.2 万个，面积约 4.8 万亩。其中，3 053 个坑塘通过整治改造，有稳定的水源，适宜开展水产养殖，涉及面积约 2.4 万亩。通过发挥村党组织的战斗堡垒和引领作用，采取宜养则养、宜种则种，选择适宜的养殖品种，变闲为用、变丑为美、变废为宝，大力发展乡村坑塘渔业，集“小坑塘”发展渔业“大产业”。二是加强规划设计。聊城市在全省成立了首个发展乡村坑塘渔业领导小组和专家技术指导小组，制定了《聊城市发展乡村坑塘渔业实施方案》和《聊城市发展乡村坑塘渔业考核管理办法》两项推进政策，明确发展乡村坑塘的基本原则、重点任务、实施步骤和保障措施，确保完成发展乡村坑塘渔业面积不低于 3 000 亩，提升渔业稳产保供能力。三是创新发展模式。总结发展乡村坑塘渔业养殖模式，重点推广池塘生态养殖、池塘工程化循环水养殖、圆筒式养殖、渔藕

综合种养和休闲渔业等五个养殖模式。在乡村坑塘运营模式上，鼓励采取合作社运营、村民入股、产业联合、企业托管等运管模式，推动水产养殖向产业化、规模化、标准化转型升级。当前，全市已改造完毕进行水产养殖的坑塘 1 211 个，涉及面积 1.37 万亩，年增加水产产量 1 300 吨以上，蹚出了向乡村"废弃坑塘"要产量、要食物的新路子。

（二）聚焦重点，向水产养殖"陆基圆筒"要食物

"陆基圆筒"直径 6～10 米，池深 1.5～2.5 米，径深比为 3∶1～6∶1，底部倾斜角度 6°～10°，圆池间间隔 1～1.5 米，需配套增氧机、水质监测控制设备、进排水系统、推水设备、尾水处理设备及备用发电机组，养殖密度一般控制在 30～60 千克/立方米。"陆基圆筒"养殖是水产养殖业绿色发展新路径、新模式，起到了利用"小空间"实现渔业"大产业"发展的作用。一是"陆基圆筒"养殖有明显优势。一个直径 10 米的陆基圆筒，大约占地 30 平方米，水体 60 立方米，可以养殖 3 000 千克的食用鱼，相当于 2.5 亩传统鱼塘的产量，具有养殖密度大，产量高的特点，养殖用水循环使用也可实现养殖尾水零排放。其成本低，风险小，建设一个"陆基圆筒"约需资金 1.5 万元，每 100 个"陆基圆筒"只需 2～3 个人就可管护好，节省管理成本。二是"陆基圆筒"养殖有良好发展前景。"陆基圆筒"养殖能够适应当前生态环保要求，是践行"绿水青山就是金山银山"的具体实践，是未来内陆渔业发展的有效途径，其智能化循环水系统利用了智能化控制技术、高效固体排泄物自净技术、鱼类高密度集约化养殖技术、环保型高效水处理技术等，便于科学开展水产集约化、智能化、高效化管理，实现了水产养殖零排放、零污染的目标，有效保证了水产品质量的标准化、高质量化。当前，聊城市发展水产养殖"陆基圆筒"模式势头良好，养殖户对建设"陆基圆筒"意愿很高，在建"陆基圆筒"达到 380 多个，待建"陆基圆筒"数量达到 5 000 个以上。三是"陆基圆筒”养殖的示范推广。加强宣传发动，充分发挥电视台、报社、网络信息平台、渔业技术培训的作用，大力宣传“陆基圆筒”养殖，使基层养殖者充分了解发展陆基圆桶式养鱼的重要性、紧迫性，增强绿色养殖理念。保障技术服务，定期开展技术指导服务和培训，把各项关键技术落实到位，把科学知识和实用技术送到池边塘头、进村入户，实实在在为渔民办实事。做好示范引领，鼓励有条件的水产养殖单位加大水产养殖“陆基圆筒”建设力度，进行先行先试。聊城市在山东泰丰鸿基农业科技开发有限公司、北大荒水产养殖合作社等多个养殖单位发展“陆基圆筒”养殖模式，发挥示范引领作用，加快推广“陆基圆筒”养殖。目前，聊城市已建设“陆基圆筒”367 个，年增渔业产量 1 100 多吨，明显提升了渔业稳产保供能力。

（三）立足长远，向渔业生态发展要食物

聊城市牢固树立“大食物观”，制定《聊城市“美丽渔场”建设实施方案》及标准，推动全市规模以上水产养殖单位以产业兴旺、生态环保为导向，提升渔业产能，建设“美丽渔场”，探索内陆渔业转型升级、高质量生态发展的有效路径。一是新形势下建设“美丽渔场”十分必要。推进黄河流域生态保护和渔业高质量发展，内陆渔业养殖必须走生态环保、可持续和高质量发展之路，向生态渔业、美丽渔业要效益、要食物，建设产业兴旺、治理有效、环境优美的“美丽渔场”。二是明确“美丽渔场”建设的基本原则。坚持发展引领，构建渔业新发展格局，合理规划产业布局，优化调整养殖方式和品种结构，促进产业兴旺，重点围绕工厂化养殖、水槽式工程化养殖、标准化池塘养殖、生态养殖等方式的发展，实现渔业高质量发展，促进群众增产增收。坚持绿色引领，深入贯彻习近平生态文明思想，用绿色、健康理念武装头脑、指导工作，探索内陆养殖尾水治理模式，落实水产养殖业绿色发展“五大行动”，推广实施水产健康养殖模式和健康养殖技术，实现养殖尾水循环利用或达标排放，提升绿色发展水平。坚持美丽引领，提升养殖场基础设施建设和环境水平，对养殖场区内的池塘及基础设施进行标准化改造，推动养殖场区构建优美的生态环境，助力渔业产业效能提升。三是"美丽渔场"建设取得的成效。通过开展"美丽渔场"创建，改变了水产养殖传统思想观念，推动内陆水产养殖产业结构和养殖模式的转型升级，引导水产养殖品种向"名优特新"方向发展，提高了水产养殖单位渔业生产效能，走出了内陆水产养殖发展的新路子。目前，聊城市已有8家水产养殖单位成功创建"美丽渔场"。

三、关于发展内陆渔业养殖的对策建议

（一）健全完善政策制度体系

加强对内陆渔业养殖制度体系建设，建议从国家层面构建内陆水产养殖集约化、工厂化及乡村坑塘渔业发展的制度体系，重点推广适宜内陆水产养殖的技术模式，挖掘乡村宜渔坑塘养殖潜力，确保内陆水产养殖充分发挥稳产保供作用。

（二）做好渔业养殖规划设计

内陆水产养殖的科学规划是引领内陆水产养殖发展的指向标，建议坚持因地制宜的原则，以镇村为主体，重点结合镇村乡村坑塘实际布局，谋划未来渔业发展方向，构建省级专家指导、市级协调服务、县级分类帮扶、乡镇统一渔业养殖规划。

（三）构建多元化资金投入机制

当前，乡村坑塘渔业、"陆基圆筒"及"美丽渔场"存在较大发展空间，建议设立内陆水产养殖扶持专项资金，发挥财政资金的引导作用，运用科学有效的水产养殖运营模式，调动企业参与、村民入股，多方筹资发展渔业生产，构建内陆水产养殖多元化投入机制。

（四）强化服务保障能力

发挥政府在搭台、技术、引导方面的作用，建议设立内陆水产养殖服务信息平台，为水产养殖单位提供准确的技术、市场和管理方面的信息。实行养殖技术帮包制度，每个专家技术人员帮扶一片或一定数量水产养殖单位。充分利用新闻媒体、信息平台等多种媒介加大宣传，推广内陆先进水产养殖技术和模式。

优秀奖作品

促进渔业可持续发展　充分发挥水产品粮仓作用

薛向平
中国水产科学研究院北戴河中心实验站

水产品是继谷物和牛奶之后人类所食用蛋白的第 3 大来源，占总蛋白质供应量的 6.5%，这一占比仍有逐年攀升的趋势，尤其在一些欠发达地区，鱼类是相对容易获得且优质的动物蛋白来源，丰富的水域资源蕴藏着“渔粮”。据研究表明，水产品富含许多对人类生长发育的有益物质，是其他动物蛋白来源所不能比的，因此水产品逐渐成为受欢迎的食物并风靡全球。据联合国相关报告预测，到 21 世纪中期全球人口将达 97 亿，激增的人口压力不仅给环境带来新的挑战，同时粮食供应与人类对优质蛋白的需求之间的矛盾也日益凸显，作为优质动物蛋白的主要来源之一的水产品也同样面临着前所未有的挑战，而单方面从天然水域获取水产品的比重逐渐降低，同时超负荷捕捞对生态造成不可逆的影响，不符合可持续发展的要求，这就要求我们开辟新路径去填补这一缺口，而水产养殖业的蓬勃发展和不断革新作为一种新路径迸发着活力，事实也验证了水产养殖业蕴藏着巨大潜力，为人类源源不断输送优质蛋白，由此可见，水产养殖在保障城镇居民优质蛋白的供给方面发挥着巨大作用。健康快速发展的中国水产养殖，不仅缓解了自然资源压力，同时可保障中国食物安全，促进全球水产品有效供给。本文结合我国当前水产种业、养殖和资源养护方面现状和面临的问题，浅谈应对策略和发展展望，以期实现我国水产业绿色高质量发展，促进碳汇渔业发展，持续发挥水产品粮仓作用，拉动我国经济增长，助力乡村振兴。

一、面临现状

（一）育种方面

中国养殖业历史悠久，但现代化养殖起步较国外晚，经过多年长足发展，中国水产养殖业从模仿学习逐渐转型成为创新引领，在水产种质资源鉴定保存、基因资源开发利用、优良品种的选育和推广等方面已走在世界前列，为各国水产养殖业提供可借鉴经验，同时我国一方面积极全面开展了水产生物种质的收集汇总和增殖养护工作，系统保存了包括精子、标本及活体等过万种实物资源，不断构建和完善国家水产种质资源库，保护物种多样性和优质种源；另一方面也积极开展了水产生物种质资源开发和利用，培育筛选出罗非鱼、鲤、牙鲆、中华绒螯蟹等具有优良性状的优质水产品并推广养殖，这些举措均产生了良好的效益，推动水产行业蓬勃发展，助力乡村振兴。

作为世界水产养殖大国，国际水产事业更需要中国声音，水产科学基础研究和创新育种应持续为国际社会提供新借鉴。我国虽然已走在发展前列，但当前我国在育种方面仍面临较多问题，一方面由于现代化养殖管理起步较晚，在水产种质资源收集保护、研发创新和筛选手段等方面仍处于爬坡阶段，系统整理仍待加强完善，对现有资源的研发还不够深入，管理归档还不够系统，种质资源收集保存覆盖欠缺，表型和基因型联合数据库尚未建立；另一方面我国当前育种技术的原始创新能力亟待加强，研究物种重要的经济性状遗传基础解析仍不够深入，突出性状、自主知识产权的新基因和水产实用性育种技术开发不足，水产原创力需不断提高。

（二）养殖方面

经过改革开放40多年的长足发展，我国水产养殖业逐步形成了池塘、大水面、浅海和工厂化等多元化养殖模式。淡水养殖多以鱼为主，向虾、蟹、鳖等多样化发展；海水养殖方面，以贝类和藻类养殖为主，向鱼、虾和海珍品养殖全面发展。在以生态优先的大方向上，绿色发展和高品质供给成为新时代主流，水产养殖也应积极响应国家“双碳”战略促进碳汇渔业发展，不仅要提升产量，节水、节地、节能的绿色发展已然成为当前水产养殖发展的主攻方向。通过改造升级传统养殖，推广优良品种、新养殖模式、智能化养殖。多元化水产养殖模式创新与实用技术进步成效显著，如稻鱼、稻虾养殖、鲢鳙控藻养殖，将环境治理与创收相结合，建立了多营养层级综合养殖、工厂化循环水养殖和渔农综合种养等一批高效的生态养殖生产模式。

当前我国养殖业虽然取得了长足的发展，但面临的问题也更加凸显，人口激增和居民与日俱增对美好生物的向往，矛盾的转变使得当前国际社会对水产养殖业提出更高的标准。传统池塘养殖依然在水环境、水产品品质和生产方式革新上存在痼疾，养殖的新模式、新品种、新技术的推广仍有所欠缺，养殖生产方式落后，即使有新模式，其掌握程度和融合也不够紧密，这在一定程度上造成资源浪费，同时养殖污水处理也有待改进。海水养殖方面，海水鱼类、扇贝、藻类等养殖整体上开发利用不足，在养殖容量上把握不够，规模养殖示范区较少，重要养殖技术和种质优良性状的发掘亟待突破以促进水产业发展，助力乡村振兴。

（三）资源养护

实现渔业资源的可持续健康发展离不开资源养护技术的不断革新和发力，不断深入落实推进供给侧结构性改革和资源养护科技创新活动。资源养护方面，我国过去对资源养护重视程度不足，但随着我国渔业研究的深入推进，在学习国外先进经验的同时结合自身优势不断探索，我国养护技术取得了长足发展，并可为国际资源养护研究提供中国方案。坚持生态系统水平的管理，大力推进渔业资源养护和绿色创新发展，在多水域划定种质资源保护区、示范区，限定禁捕区、禁捕时间，发挥天然水域鱼类补充效应；通过人工鱼礁、海洋牧场增殖放流等修复手段，维持海洋物种多样性。根据涉水工程建设对水生动植物和水环境的影响评估，实施针对性的措施，可有效地保护自然水域中渔业资源的多样性和丰富度，维持重点水域生态系统的平衡与稳定。

资源环境养护是长期工程，需持续投入研究，我国在资源养护这一方面仍处于起步阶段，据相关调查资料显示，江河湖海各水域天然资源的渔获物均呈现出低龄化、小型化、低值化现象，虽然全面禁捕相关措施已稳步实施，资源量初步呈现恢复之势，但长期以来过度捕捞和水环境的破坏造成的影响依然没有完全消退。在保护区和示范区的划分和设立上，依然存在些许不合理，资源调查和评估方法存在面窄问题，资源修复手段和管理依然需要改进完善。

二、应对策略

（一）增强水产优质种业培育，优化技术创新体系

结合国家生态文明建设的战略定位，实现生态环境保护与产业协调发展。农以种为先，水产业也同样，应种业先行，把种质资源放在首要地位，实现良种不仅优更要安全，加大水产育种，培养优质种源，锚定水产养殖研究领域涵盖的重大优良品种选育、高效智渔工厂构建、增值质保能力提升等关键环节，开辟在水产种质资源收集保护、研发创新和筛选手段新思路；开展全链条式科学技术创新，提升和完善系统性整理工作；加大水产种业研发、种质资源收集保存覆盖范围；提升我国育种技术的原始创新能力，尤其对重点养殖品种突出性状遗传基础的解析，扩大优良水产品种的推广养殖规模，建立反馈和评价等标准体系。

（二）完善配套设施平台，促进水产养殖现代化建设

加强水产养殖与实际应用基础性研究相结合，建设水产领域国家级科研平台、重点实验室、科研基地、示范区等，带动产业发展

和新技术新品种的评价和推广；同时引进专业型人才，建设优秀创新团队，提升原始创新力；完善相关管理体系、基础科研和养殖现代化，突破制约水产养殖发展的关键性技术难题，不断优化和推进水产养殖技术和产业革新升级。将研发、应用和产业化相结合，进一步扩大渔业产业技术体系覆盖面，加速新技术攻关突破，提升科研支撑能力，提升养殖的规范化、专业化、现代化和多性状兼容种业推广程度，带动水产养殖产业健康良性发展。

（三）持续推进资源养护，发挥天然资源自修复功效

构建水域生态环境健康评价体系，科学规划渔业水域利用空间；完善水产养殖基本水域滩涂保护制度等配套政策，建立绿色发展高效产能示范区，响应国家“双碳”发展战略，促进碳汇渔业兴起，充分发挥碳汇渔业保证“蓝色粮仓”的作用。在对资源补充有重要作用的水域，设立种质资源保护区，打造国家级示范区，发挥其引领作用；对资源环境长期跟踪监测，完善资源调查和评估方法、资源修复和管理方案，持续推进资源养护，发挥天然资源自修复功效，促进渔业资源的可持续健康发展。

三、发展展望

水产业是推动实现乡村振兴的有力举措，促进渔业可持续发展，充分发挥水产品粮仓作用，在解决我国粮食供应中发挥着重要作用。为进一步提升我国水产事业发展水平，我们应做到：构建多样化养殖模式，从多个层面与角度不断创新水产养殖模式，加强对当地渔业资源的有效开发与利用；不断加强对养殖现代化管理和优质品种的研发推广服务，提升基层种业水平，为养殖产业增收；加强对天然和养殖水域水体环境的持续监测和治理；探索出我国特色水产发展新道路，增强我国原创性水平和种业规模，积极响应国家绿色发展号召，推广现代化养殖管理、技术的应用，实现我国水产业绿色协同发展。

产业生态系统视角下我国水产养殖业发展路径研究

张　硕

全国农业展览馆（中国农业博物馆）

一、我国水产养殖业发展概况

我国是世界上最大的水产养殖国和渔业捕捞国。近年来，随着相关产业政策支持和增长方式转变，养殖业的规模化和集约化程度提高，水产养殖业保持快速增长和效益提升，实现了数量和质量同步发展。

在渔业产值方面，2021 年，全社会渔业经济总产值 29 689.73 亿元，其中渔业产值 15 158.63 亿元。在渔业产值中，海洋捕捞产值 2 303.72 亿元，海水养殖产值 4 301.70 亿元，淡水捕捞产值 336.56 亿元，淡水养殖产值 7 473.75 亿元，水产苗种产值 742.90 亿元。渔业产值中（不含苗种），养殖产品的产值占比 81.7%，说明水产养殖产值是整个渔业经济总产值的重要组成部分。

在水产品产量方面，2021 年，全国水产品总产量 6 690.29 万吨，比上年增长 2.16%。其中，养殖产量 5 394.41 万吨，同比增长 3.26%，捕捞产量 1 295.89 万吨，同比下降 2.18%，养殖产品的产量占比为 80.6%，养殖产品贡献了大部分水产品产量，也是我国水产食品的主要来源。

在水产品加工方面，2021 年，全国水产加工企业 9 202 个，水产冷库 8 454 座。水产加工品总量 2 125.04 万吨。其中，海水加工产品 1 708.81 万吨，同比增长 1.76%；淡水加工产品 416.23 万吨，同比增长 1.15%。用于加工的水产品总量 2 522.68 万吨，同比增长 1.84%，水产品加工行业保持了平稳较好的发展态势。

虽然近年来我国水产养殖业发展势头良好，但仍然存在诸多不可忽视的问题，如海洋过度捕捞造成的资源环境与经济发展的矛盾、水资源监管力度不足造成污染损害水产养殖业健康发展、养殖布局规划和渔民管理问题、健康养殖技术和模式不完善、养殖尾水治理技术研发应用不够等。在此背景下，优化水产养殖产业生态，成为推动水产养殖业高质量发展、助力水产品稳产保供的重要途径。

二、大力发展水产养殖产业的必要性

（一）发展水产养殖业是树立大食物观的要求

2022 年中央一号文件提出，要把抓好粮食生产和重要农产品供给摆在首要位置，特别强调了提升渔业发展质量，推动食物供给由单一生产向多元供给转变。形成同市场需求相适应、同资源环境承载力相匹配的现代农业生产结构和区域布局。2022 年 3 月 6 日，习近平总书记在看望参加全国政协十三届五次会议农业界、社会福利和社会保障界委员，并参加联组会上提出，要树立大食物观，向江河湖海要食物。

"大食物观"所要求的"食物供给多元化"体现了产业生态系统的多样性内涵，即不仅要向土地要粮食，也要向江河湖海要食物。水产品是"大粮食"的重要组成部分，在粮食和营养安全战略中具有重要意义，而水产养殖业是向江河湖海要食物的主要生产方式。因此，要保证粮食安全，实现水产品稳产保供，必然要致力于水产养殖业高质量发展。

（二）发展水产养殖业是贯彻新发展理念的要求

水产养殖业具有"节粮""节地""节水"的优势，有利于贯彻绿色发展理念。在“节粮”方面，相对于畜禽养殖而言，水产养殖对粮食饲料的需求很低，且水产品对畜禽肉类具有替代作用，有效缓解了粮食压力；在“节地”方面，水产养殖基地建立在可供养殖或种植的内陆水域或近海海洋，资源利用率高，有效减轻对耕地需求造成的压力，带来更高的经济效益；在“节水”方面，近年来大力推广的工厂化循环水、集装箱养殖等技术模式能够实现养殖水体零排放。总而言之，水产养殖业具有绿色、高效、集约化的特点，促进水产养殖业技术创新与转型升级符合新发展理念的要求。

（三）发展水产养殖业有利于推动乡村振兴

大力发展水产养殖业，有利于推动乡村产业振兴。因地制宜发展水产养殖业特别是特色渔业、休闲渔业等，能够增强乡村产业竞争力和影响力，促进实现乡村产业兴旺发达，提高渔民收入水平。

大力发展水产养殖业，有利于推动乡村生态振兴。现代水产养殖摒弃了以前“竭泽而渔”等粗放型产业发展方式，强调可持续的协调发展。水产养殖业高质量发展能够促进水体环境与生物多样性保护的和谐互动，做到经济社会发展效益和生态效益的双赢。

三、产业生态系统视角下水产养殖业发展路径

自然生态系统与产业生态系统存在高度逻辑自洽，同样遵循各自的自然演化和产业升级规律。因此，将自然生态学的诸多理论应用于工业、农业、商业等领域便产生了一门新学科——产业生态学。水产养殖业高质量发展必须遵循产业生态学理论，优化水产养殖产业生态系统。具体而言，应遵循以龙头企业为核心，推动上中下游产业链深度融合，促进技术创新内系统和发展环境外系统良性互动的发展路径。

（一）培育生态主体，扶持龙头企业

龙头企业是水产养殖产业生态系统的核心。龙头企业通常拥有一定规模的资金、技术和管理优势，因此，也承担起了特色水产品

的开发与水产技术推广的功能。对于个体户而言，缺乏技术经验，养殖规模小，不愿投入较多成本购置养殖设备，而龙头企业利用自身的资金、技术优势，通过价值链的延伸提高地区特色产业的附加值，打造区域强势品牌，助推乡村振兴；龙头企业作为一个平台，可以直接将其他农业主体、各类信息资源、生产要素等联系到一起，促进农业活动高质量、高效率进行；龙头企业通过技术革新、产业转型、战略调整、管理优化等途径摆脱“发展的困境”，进而带动各产业主体因地制宜，发挥优势，优化产业链和创新链布局，提升整个系统能级。积极培育水产养殖龙头企业，提高社会化服务水平，提高水产养殖业组织化程度，提升生产能力和水产品市场竞争力。

（二）做强生态链条，促进产业链深度融合

水产养殖业上游产业链主要涉及水产饲料行业、种苗行业、水产养殖添加剂以及水产用药行业，中游产业链则是水产品养殖行业，下游产业链则是水产加工行业，加工后的水产品通过电商、商超等渠道流向消费者。

推进水产品养殖、加工、流通三大产业融合，提高水产养殖业产业化水平，要充分利用新一代信息技术，拓宽销售渠道，形成一定规模效应，增加产品附加值；要加强水产品市场信息服务，实现产地和销地的市场、冷链物流有效衔接，引导开展水产品电子商务，推动单一传统营销方式向多元化现代营销方式转变。

（三）优化生态系统，技术创新与外部环境良性互动

水产养殖产业生态系统分为技术创新内系统和发展环境外系统，两个系统的良性互动是推动整个产业高质量发展的关键。

提升技术创新水平是内系统优化的根本动力。在育种和饲料方面，要加强基础生命科学研究，促进优质水产苗种和新型饲料研发；在养殖技术方面，要继续注重生态环境保护和可持续发展理念，探究绿色水产养殖技术，保障生态环境安全和水产品质量安

全；在养殖基础设施方面，要重视信息和网络科学技术应用，加强智能化技术在养殖基础设施上的研发与应用，实现水产养殖设施装备的更新和发展。

完善政策体系是优化产业外部发展环境的重要保障。在政策法规建设方面，要及时制定有针对性的金融保险政策，鼓励创新，吸引各种资本的投入，保障产业的稳定发展。在技术人才队伍建设方面，要创新产业技术服务体系，强化专业人员培训，建立专业技术服务团队，完善咨询服务渠道。在发展方向上，各地要发挥自身资源禀赋优势，树立品牌意识，发展高效特色渔业、休闲渔业等，推动渔业向文化产业转型升级，拓展农业增效、农民增收的新途径。

要实现两个系统的良性发展，进而提升系统能级，促进系统优化演进，必须加强系统治理。运用反馈机制，促进系统间的信息快速流动和结构调整；运用协调机制，推动多元治理和协同治理，提升产业治理能力和水平；运用互联机制，实现精准治理、科学治理。

向江河湖海要食物
——“广谱革命”背景下的史前渔业

常　璐
中国农业博物馆

“广谱革命”是考古学界关于古人类生业模式发展和农业起源的一个重要概念，它是由著名考古学家路易斯·宾福德于 20 世纪 60 年代末提出，至今仍然是研究农业起源和古代社会发展相关问题的重要理论。该理论认为旧石器时代末期，因气候突变引起的大型动物锐减，或因人口增长造成的资源失衡，导致人类面临粮食短缺危机，不得已开始利用个体小、分布散、采集加工费时费力的食物品种，包括爬行类、鱼类、贝类、飞禽、植物种子、坚果等，以提高资源利用率。在此过程中，人类对其中一些物种进行驯化，由此对工具和技术产生了新的需求，并引发了聚落和社会组织形态的变化[①]。简而言之，“广谱革命”就是指从旧石器时代晚期到新石器时代早期一段时间内发生的人类食谱的扩展，人类的生计方式逐渐转向开发原来没有利用或忽视的动植物资源。从考古材料中观察，人类的食物资源来源大大扩展，以前仅仅狩猎大型动物、采集野生植物果实，“广谱革命”后开始捕获小型动物，如鹿、狍子、牛、猪、飞禽等野生动物，并且开始饲养猪、狗、鸡等；强化了对植物资源的利用，可利用植物种类扩展到坚果类、块茎类、肉质果，并且开始发展出种植水稻。除此之外，“广谱革命”带来的另一大革命性

① 陈淳．考古学理论［M］．上海：复旦大学出版社，2004 年。

转变，就是人类对水资源的利用，人类早在距今1万年前的新、旧石器时代交替之际就懂得了“向江河湖海要食物”，体现了古人类最朴素的“大食物观”。

近年来在“广谱革命”的背景下，我国史前渔业的考古学发现取得了丰硕的成果，学界也开始重视对渔业考古的研究。从年代来看，渔业产生于旧石器时代，与狩猎和采集同步出现。几乎所有的人类文化遗址都是位于傍山近水的地方，可见水是人们不可或缺的物质资源。山西芮城西侯度遗址出土有石器和动物化石等，经鉴定，动物化石中有鲤鳃盖骨和龟鳖甲化石[①]。该遗址经测定年代约为距今180万年，属旧石器时代早期。在旧石器时代中期具有代表性的遗址——山西襄汾丁村遗址，发现了与人类化石和生产工具伴出的水生动物化石，经鉴定，有鲤、鲩、鲶、鲿和青鱼五种鱼化石，还有蚌、螺、蚬、蜗牛等软体动物的介壳[②]。该遗址年代约为距今7万年。在距今3万多年的周口店山顶洞遗址，发掘出鱼、蚌等水生动物的化石[③]。到了新石器时代，渔业生产又有了长足的发展。在河北武安磁山[④]、浙江余姚河姆渡[⑤]、山东泰安大汶口[⑥]、上海马桥[⑦]等遗址，均发现了水生动物遗存，并且鱼类骨骼的数量和种类均有了大幅增加，福建沿海地区还发现了对海洋植物的利用[⑧]。新石器时代遗址还伴出有各类渔猎工具、相关的工艺品和鱼窑、蚌窑等储存[⑨]，可见人类对水生资源的利用强度之高。从地域来看，不仅在沿海地区的文化遗址发现了人类对海洋动植物资源利用的遗

① 贾兰坡，王健．西侯度——山西更新世早期古文化遗址［M］．北京：文物出版社，1978年．

② 中国社会科学院考古研究所．新中国的考古收获［M］．北京：文物出版社，1962年．

③ 贾兰坡．山顶洞人［M］．重庆：龙门联合书局，1951．

④ 佟伟华．磁山遗址的原始农业遗存及其相关问题［J］．农业考古，1984（1）：15．

⑤ 浙江省博物馆自然组．河姆渡遗址动植物遗存的鉴定研究［J］．考古学报，1978（1）：17．

⑥ 山东省文物管理处，济南市博物馆．大汶口—新石器时代墓葬发掘报告［M］．北京：文物出版社，1974年．

⑦ 上海市文物保管委员会．上海马桥遗址第一、二次发掘［J］．考古学报，1978（1）：33．

⑧ 庄希成．福建沿海史前渔业遗存研究［D］．南京：南京大学，2021年．

⑨ 黑龙江省文物考古工作队．密山县新开流遗址［J］．考古学报，1979（4）：34．

存，在内陆地区文化遗址发现的对水生资源的利用也屡见不鲜。

从考古学材料来看，史前渔业相关的考古资料可以分为以下三类。

一、动植物遗存

人类捕捞水生动植物的主要用途是食用。在新、旧石器时代，发现水生动植物遗存的遗址数量较多，通常与人类化石和生产工具伴出。以新石器时代晚期的内蒙古中南地区为例，从仰韶早期阶段开始，人类即可以通过饲养、狩猎和渔猎等方式来获取动物的肉类资源，其中狩猎是主要的生计方式，但饲养动物才刚刚发展起来，还未占很大的比重。到了仰韶晚期，可利用的动物种类与数量明显增加，人类的生计方式发生了一些改变，饲养的比重逐渐增加，成为重要性不亚于狩猎的生计方式[①]。水生动物也开始成为重要的生计来源，虽然数量不多，但各阶段一直存在，说明了渔业也是当时人类补充生计的重要方式。此外，人类对水生动物资源的利用除了食用外，还对鱼骨、蚌壳、螺壳等进行加工，制成骨角器等工具或者各类精美的饰品（图一）。

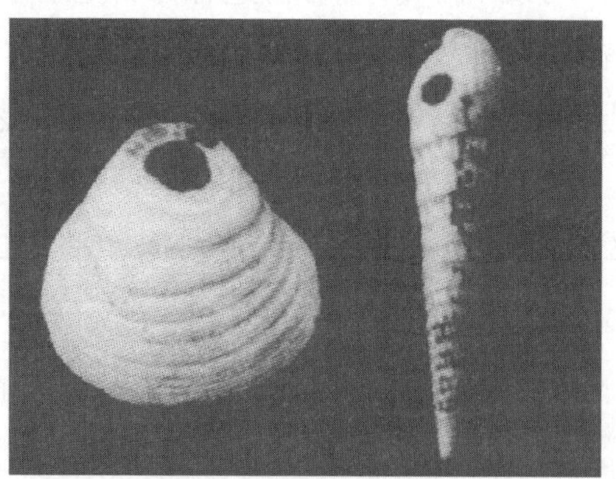

图 1　大坝沟遗址出土的河蚬壳、螺壳

① 常璐．内蒙古中南部地区新石器时代生计方式初探——以生产工具为视角业［J］．农业考古，2019（6期）：8.

二、渔猎工具

人类文明的代表性成就是对工具的使用，史前遗址出土的渔猎工具是研究渔业考古的重要实物遗存。目前发现的渔猎工具种类有鱼镞、鱼矛、鱼鳔、鱼叉、鱼钩、网坠等，从材质来看，有石、骨、陶等质地。这些工具与今天的用途无他（图二）。另外，还发现有以鱼骨制成的镞、矛头，以蚌壳制成的刀等工具。

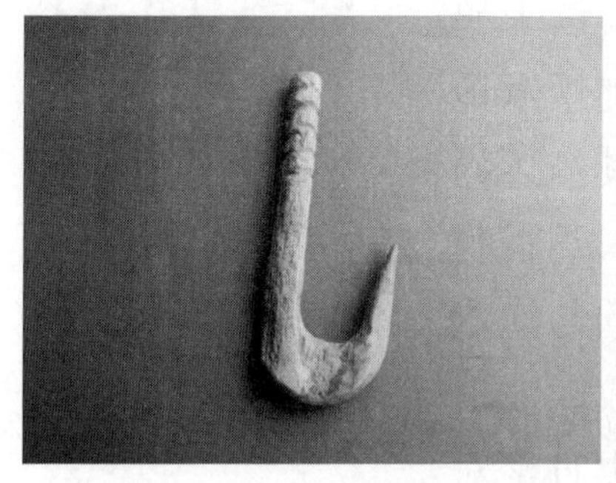

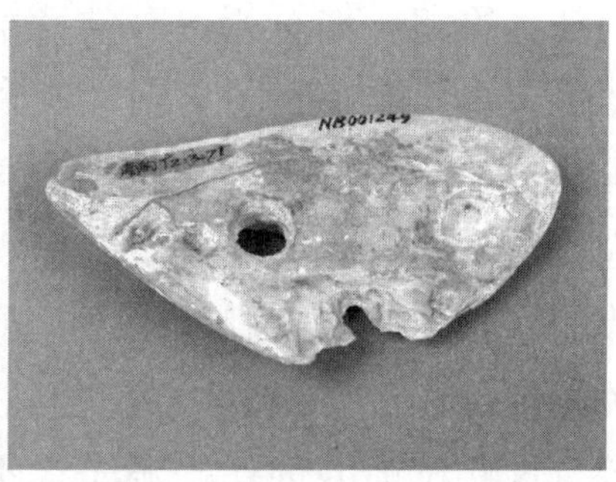

图2　中国农业博物馆馆藏骨鱼钩、穿孔蚌刀

生产工具是反映生计方式的重要材料，渔猎工具的种类和数量变化，也能体现出史前渔业的发展状况。以内蒙古中南部地区为例，在各阶段，农业工具和粮食加工工具均占有相当大的比重，再结合家养猪和狗的出现，说明以农业耕作为主辅以饲养家畜是当时人类主要的生计方式。狩猎及加工工具的比重也较大，并且野生动物大量存在，说明狩猎是补充农业的重要生计方式。此外，渔猎工具也持续存在，在各阶段均有发现。内蒙古中南部地区仰韶阶段遗址多分布在水域附近的丘陵上，聚落房址面积较小，分布错落有致，房址内有袋形窖穴，内有成批陶器和成套的生产工具、装饰品。房址内出土有石刀、石铲、石斧、石锛、磨盘、磨棒、蚌刀、蚌铲等生产工具，还发现了石镞、骨镞、骨鱼钩、骨鱼镖、陶网坠等渔猎工具。女性人骨和幼童多佩戴有蚌螺壳类饰品。这些说明当时的人类以家庭为生活和生产单位，以农耕、采集、渔猎为生，手工业有一定的发展，显示出稳定、较为发达的社会发展程度。

三、彩陶纹饰

在新石器时代，彩陶和绘画艺术日趋发展繁荣，艺术创作的灵感来源于人类的日常所见所想，蕴含着人类最初的世界观和生死观。渔业的发展在史前手工饰品、陶器造型、彩陶纹饰等方面也有所体现，其中最著名的当数出土于河南省临汝县阎村遗址的“鹳鱼石斧图”陶缸[①]（图三）。这件陶缸上彩绘有鹳鸟、鱼和一件石斧，有学者解读为鸬鹚叼鱼，生动地反映了史前人类利用水鸟捕鱼的日常情景。更多学者推测其描述的是渔猎丰收的景象，表达了史前人类祈盼丰收的愿景。此外，彩陶中常见的与渔业相关的纹饰还有鱼纹、蛙纹、网纹、波浪纹等。这些纹饰的创作来源于人类日常对水资源的利用，同时也反映了史前人类对水的喜爱与崇拜。

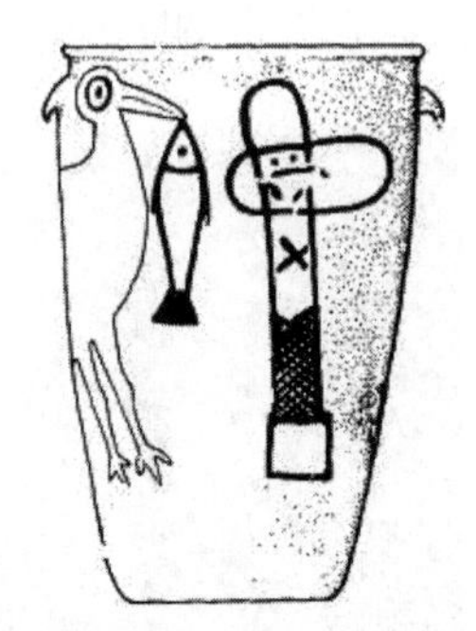

图 3　“鹳鱼石斧图”陶缸

与当今“大食物观”引领下的林牧渔业变革不同，史前变革是人类由于气候变冷做出的被迫选择。在新、旧石器过渡的更新世晚期，全球气候发生剧烈波动，著名的新仙女木事件，导致全球气温急剧下降，气候变得寒冷干燥，适宜人类生存的空间不断减少，环境承载力持续下降。人类被迫扩展食物来源，实施“广谱革命”。渔业在此背景下开始发展，并逐渐成为重要的生业手段。“广谱革命”体现在考古学材料上，即出土动植物遗存的多样性和生产工具的丰富性。以内蒙古中南部地区为例，到了仰韶阶段，遗址出土的动物遗存有适宜在荒漠草原生活的马、野驴，适宜森林和草原边缘区域生活的狍子，适宜森林草原生活的马鹿、斑鹿，还有适宜山区森林生活的棕熊以及各种鼠类、水产类动物。鉴定出的植物种类有属草本的蒿属、藜科、苋科，属木本的山毛榉科、栎属、椴属、桦

① 汤文兴．临汝阎村新石器时代遗址调查［J］．中原文物，1981（1）：7.

属等。这一阶段的农业、粮食加工发展迅速，狩猎、渔猎工具种类丰富、数量大。正是因为史前人类的这一选择，促进了农业的起源，形成了如今以农业为主的生业格局。

史前“广谱革命”与我们今天提出的“大食物观”相同，都是为了解决人口与资源的矛盾问题，解决吃饱、吃好的问题。大食物观本质是多元食物结构和供给体系，保障好人民群众日益增长的多元化农产品需求，树立大食物观是我国国情的必然选择，也是保障食物安全的战略需要。扩展食物获取途径还有巨大空间，回望历史，从人类发展史中获取一些经验，理解发展的内部机制，才能更好地利用自然规律，更科学地自主选择，更全面地提高生活质量。

水产出版传媒助力“大食物观”高效落实的实践与思考

王金环　武旭峰

中国农业出版社养殖业出版分社

民以食为天，习近平总书记提出的“大食物观”，是新时期为更好满足人民对美好生活需要而提出的科学发展理念。他指出要“向江河湖海要食物”，因此水产业是保障我国粮食安全和满足人民营养健康需求的重要力量，更需要全方位、多途径开发食物资源，保护好生态环境，增进人民福祉。出版传媒作为知识固化和传播的重要媒介和手段，在促进水产业绿色高质量发展、贯彻落实“大食物观”方面具有桥梁和纽带的作用。本文就水产出版传媒助力“大食物观”高效落实的重要性进行分析，并结合笔者自身出版工作实践，就两套水产专业丛书出版与践行“大食物观”展开梳理和总结，在此基础上，思考分析谋划出版选题的切入点和抓手，以期从出版传媒角度为助力水产业健康发展、落实“大食物观”作出贡献。

一、水产出版传媒对“大食物观”高效落实的作用和重要性

一是“大食物观”理念深入人心需要水产出版传媒。出版在传播知识、传承文明、融合发展中扮演着重要角色，“大食物观”理念的传播需要水产出版传媒发挥弘扬文化、传递文明的作用，为“大食物观”提供科学和科普教育的重要载体，通过图书传播提高

全社会读者对“大食物观”的认知水平。发挥好水产出版传媒的功能，使“大食物观”深入人心，有着深远而现实的意义。

二是传播“大食物观”，需要水产出版传媒从消费端助力产业端发展。“大食物观”从更好地满足人民美好生活需要出发，需要引导社会大众树立健康营养观念，助力国民健康。紧跟人民群众膳食结构的变化趋势，从消费端进行水产品的营养与健康知识科普宣传，增强人们对生活中的伪科学、伪常识的辨识能力，促进水产品消费，这对于促进水产业发展具有重要的推动作用。

三是落实“大食物观”，水产技术推广需要出版传媒作为推动力。落实好“大食物观”，要更好地保障优质水产品供给，实现渔民、渔村、渔业繁荣，需要依赖先进技术与绿色发展理念的支撑。传媒出版是水产科学与技术普及的重要推动力，尤其是结合视频等媒体形式的融媒体技术科普图书，对于传播现代水产养殖技术、绿色养殖模式具有重要作用。

四是“大食物观”落实成效的弘扬需要水产出版传媒。水产品是重要的农产品，也是优质动物蛋白的重要来源，我国水产品年产量多年保持在 6 500 万吨以上。践行“大食物观”、向江河湖海要食物，是新时期水产业提升行业地位、履行自身历史使命的必然选择。水产业的繁荣发展是“大食物观”落实成效的重要体现，通过出版来固化、积累和传播水产科技与文化成果，是弘扬“大食物观”落实成效的重要举措。

二、《水产养殖业绿色养殖技术丛书》——宣传推广重要养殖品种，助力“大食物观”高效落实

树牢“大食物观”理念，需要在“以养为主”的方针下，以养殖品种及其高效养殖技术作为支撑，充分推广、利用优良养殖品种，从而为人民群众提供绿色安全、营养丰富的水产品。《水产养殖业绿色养殖技术丛书》由中国农业出版社与农业农村部渔业渔政管理局共同策划，基本涵盖了当前国家水产养殖主导品种（大黄

鱼、海鲈、鲫、四大家鱼、河蟹、海带、紫菜等共18个品类）和主推技术，着重介绍养殖品种相关的节能减排、集约高效、立体生态、种养结合、盐碱水域资源开发利用、深远海养殖等绿色养殖技术。本套丛书在组编上注重理念与技术结合、模式与案例并举，力求从理念到行动、从基础到应用、从技术原理到实施案例、从方法手段到实施效果，以深入浅出、通俗易懂、图文并茂的方式系统展开介绍，使"绿色发展"理念深入人心、成为共识。

丛书在内容表现形式和手法上全面创新，在语言通俗易懂、深入浅出的基础上，通过"插视"和"插图"立体、直观地展示关键技术和环节，将丰富的图片、文档、视频、音频等融合到书中，读者可通过手机扫描二维码观看视频，轻松学技术、长知识。

丛书不但介绍了绿色养殖实用技术，还通过案例总结全国各地先进的管理和营销经验，为养殖者通过绿色养殖和科学经营实现致富提供参考借鉴，既可作为一线渔民养殖指导手册，还可作为渔技员、水产技术员等的培训用书，为绿色养殖技术的推广和应用提供了重要载体和平台，助力"大食物观"高效落实。

三、《绿色水产养殖典型技术模式丛书》——宣传推广重要养殖模式，助力"大食物观"高效落实

树牢"大食物观"，需要准确把握好水产养殖与生态环境保护的关系，进一步发掘水产养殖发展空间和增长潜力，以绿色养殖模式支撑更稳定的水产品供给。处理好水产养殖与生态环境的关系，需要积极探索加大深远海养殖、海洋牧场和内陆盐碱水域的开发力度，优化生产区域布局，升级基础设施装备，需要配套的技术模式作为支撑。

《绿色水产养殖典型技术模式丛书》由中国农业出版社与全国水产技术推广总站联合策划，遴选了11种技术成熟、效果显著、符合绿色发展要求的水产养殖技术模式，每种技术模式单独成书，分别是池塘流水槽循环水养殖技术模式、盐碱水绿色养殖技术模式、

鱼菜共生生态种养技术模式、集装箱式循环水养殖技术模式、大水面生态渔业技术模式、稻渔综合种养技术模式、多营养层次综合养殖技术模式、深远海设施养殖技术模式、增殖型海洋牧场技术模式、陆基工厂化循环水养殖技术模式、水产养殖尾水处理技术模式。

丛书内容力求顺应形势和产业发展需要，具有较强的针对性和实用性，在编写上注重理论与实践结合、技术与案例并举，以深入浅出、通俗易懂、图文并茂的方式系统介绍各种养殖技术模式，同时将丰富的图片、文档、视频、音频等融合到书中，具有较高的指导性、可读性、可操作性。

丛书可以作为水产养殖业者的学习和技术指导手册，也可作为水产技术推广人员、科研教学人员、管理人员和水产专业学生的参考用书。丛书不仅能够为从业者提供养殖模式升级的技术指引，更能够从宏观上引导养殖理念的与时俱进，助力从业者牢固树立基于绿色发展的"大食物观"。

四、围绕"大食物观"主题，策划出版更多有意义、有价值的图书

落实和传播"大食物观"是水产人的历史使命，更是水产出版人光荣任务。《水产养殖业绿色养殖技术丛书》和《绿色水产养殖典型技术模式丛书》两套丛书是出版与技术推广联手合作落实"大食物观"的具体实践，为产业的技术和模式推广提供了载体和支撑，发挥了出版传媒传播科学技术与知识的作用。为进一步落实"大食物观"，发挥水产出版传媒作用，笔者认为应从以下几个角度加强策划出版工作：

一是围绕国民水产品消费促进计划，策划出版水产品营养与健康系列图书。对海产品、大宗淡水鱼、特色淡水鱼及其从养殖场到餐桌的安全生产过程进行科普宣传，针对社会关切的热点问题，整合行业专家资源、水产科普自媒体资源，宣传引导公众提高对海洋

水产品和淡水水产品的安全认知水平，增强公众水产品消费信心，宣传水产养殖绿色发展理念，传播健康观念和健康生活方式，并科普海洋生物知识。

二是围绕乡村振兴战略，根据受众面较广的水产科技用书需求，策划出版大宗淡水鱼绿色养殖技术、水产养殖科学用药手册、鱼菜共生实用技术手册、水产养殖科学调水、水产养殖尾水治理等实用型养殖用书，向基层推广绿色健康养殖技术，为提高渔民科技素质、建设美丽渔村提供智力支持。

三是围绕水产绿色健康养殖技术推广“五大行动”，策划出版生态健康养殖模式示范推广、养殖尾水治理模式推广、水产养殖用药减量、配合饲料替代幼杂鱼和水产种业质量提升相关的科普图书，积累、固化和传播水产绿色发展的科技成果，宣扬“五大行动”实施成效。

加快水产养殖全程机械化保障水产品供给

刘德普
农业农村部农业机械化总站

随着我国经济社会不断发展，城乡居民生活水平不断改善，肉类、蔬菜、水果、水产品等各类食物在饮食组成中的占比不断提高，其中水产品是重要的、特色鲜明的食物品种，是居民摄取动物蛋白的重要来源，在大食物结构中占有十分重要的地位。习近平总书记提出的"大食物观"是农业生产的重要生产观，同时也对渔业发展赋予了新的内涵，提出新的更高要求，特别是在当前全球粮价上涨，饲料粮越来越依赖进口的形势下，水产养殖业使用更少的资源生产出更多的优质蛋白质，是名副其实的高效农业，可有效节约土地资源、拓展农业生产空间、引领农业绿色发展，在助力乡村振兴、促进共同富裕中发挥重要作用，对有效提升水产养殖生产供给具有重要意义。

一、我国水产养殖业发展情况

党的十八大以来，我国水产养殖业持续发展壮大，数据显示，2021 年渔业产值（含养殖及捕捞）1.52 亿元，相比 2012 年的 9 048.75亿元，增长约 40.1%，年均增长约 3.4%，其中 2021 年海水养殖产值 4 301.70 亿元，淡水养殖产值 7 473.75 亿元，渔业产值在全国农业总产值 7.83 万亿元中占比约 20%；2021 年全国水产品人均占有量 47.36 千克，比 2012 年的全国水产品人均占有量 43.63

千克，提高8.6%；2021年全国水产品中养殖产量5 394万吨，比2012提高35.4%，年均增长3.4%；在全国水产品产量不断提升的同时，捕捞水产品产量持续下降，养殖产量比重持续不断增加，养殖产量占水产品总产量的比重增加到80.6%，比2012年提高8.2%。水产业特别是水产养殖业持续快速发展是保障食物供给，提高人民群众生活水平的重要因素。

但水产养殖业“大而不强”是不争的事实，特别是在资源枯竭、环保治理、长江禁渔等重压下，水产品供给面临很大压力，这对水产养殖转型升级提出了迫切要求。机械化是水产养殖现代化的重要内容、重要支撑和重要标志，规模化、机械化、智能化养殖是发展趋势。近年来，水产养殖业加快向绿色高效转型升级，设施装备总量持续增长，机械化水平稳步提升，但当前水产养殖机械化的总体水平还不高，2021年水产养殖机械化率为33.50%，相较于种植业等产业差距明显，不同地区、不同养殖方式、不同生产规模、不同生产环节的机械化发展不平衡不充分，部分技术装备有效供给不足、设施装备与生产技术集成配套不够等问题亟待解决。

二、水产养殖发展中机械化方面存在的问题

（一）整体机械化水平低，部分环节面临少机、无机可用的情况

池塘养殖仍然是当前水产养殖生产的主要方式之一，养殖环节主要包括增氧、投饲、捕捞、尾水处理、清淤等，但目前机械化水平较高的环节仍然主要集中在增氧和投饲方面，其他生产环节如清淤、收获等方面机械化水平较低，尤其是传统池塘养殖捕捞工作，基本仍处于全人工状态；海水养殖中，筏式吊笼与底播养殖模式中夹苗、播种、采收等多个重要作业环节，仍然主要由人工操作；网箱养殖中，投饲、网衣更换和清洗等作业环节大部分也由人工完成。机械化程度偏低，相关机械装备的技术水平不高，是严重制约水产养殖发展的重要因素。

（二）社会化服务薄弱，专业的机械化服务缺失

相较于部分种植业生产，水产养殖在环节上更多也更复杂，如鱼苗等极易受外界环境因素影响，温度、水氧含量、噪声及光照发生变化都会引起鱼苗进食甚至生命状态的改变；投饲量和投饲时间不完全规律，生产中不确定性大，因此对于养殖专业性要求也更高；在捕捞、清淤、水质检测和尾水处理等环节重复性强，工作量大，养殖户需投入大量精力体力且重复劳动；与传统大田作物农机社会化服务相比，水产养殖机械社会化服务基本处于空白状态，部分环节由私人提供服务，服务专业化水平、时效等难以保障，大型化专业化合作社极少。专业的机械化社会服务组织能力不足，是水产养殖向专业化、规模化转型升级中面临的突出问题。

（三）尾水处理薄弱，不利于可持续发展

水产养殖对水资源高度依赖，生产过程中会产生大量废水，目前养殖场在沉淀环节基本都建有沉淀池，受制于目前简单的处理方法，处理过滤水平较差，生物处理方法效率较低，处理能力还有待提高，处理质量也需要持续监测。当前尾水处理设备价格较高，不停工运转，成本较高，而且对设备可靠性要求较高，养殖场在用的尾水处理及监测环节的主要设备基本上都是外国企业产品。近年来国家对于尾水排放要求日趋严格，农业农村部关于做好2022年水产绿色健康养殖技术推广“五大行动”的通知中也明确提出了养殖尾水治理模式推广行动，要求各地要充分利用国家渔业绿色循环发展等扶持政策，因地制宜推广池塘底排污等水产养殖尾水治理技术模式，对尾水处理指明了方向也提出了更高的要求。但当前尾水处理及监测环节机械化水平不高、购置及应用成本高、维护难、可靠性不高等因素导致了养殖场配备设备的积极性差，甚至部分小型养殖场缺失这一环节。在当前环境保护要求日趋严格、全社会构建可持续发展的形势下，尾水处理及水质监测环节的薄弱，是急需补强的短板。

三、加快水产养殖机械化发展的建议

加快水产养殖全程机械化，是“十四五”全国农业机械化发展规划和全国渔业发展规划明确的重要内容，是实现水产养殖高质量发展的重要途径。要在机械装备创新、硬件水平提升、示范引领、服务体系建设、政策引导等方面下功夫，增加先进适用的养殖机械有效供给并推广应用，逐步提升我国水产养殖机械化应用水平，以实现“十四五”期间水产养殖机械化率达到50%的目标。

（一）关注重点环节，加强机械装备创新

针对目前水产养殖环节中机械化水平相对较低的机械装备，应加强新产品研发，加快科技成果转化应用，如水质监控、尾水处理设备、智能投饲、网箱清洗机械等，提升产品先进性、可靠性，瞄准标准化、节能化、信息化发展需要，特别是部分卡脖子的技术难题，加快水产养殖机械化提档升级，提升效率，提高收益，引领水产养殖可持续发展。

（二）加快机械化技术体系建设，提升养殖场建设水平

加快制定发布水产养殖标准化配置相关技术规范等指导性文件，指导养殖场对基本建设、主要环节、机械种类和数量等方面的建设和配置，提高养殖场建设规范性以及机械设备配备的科学性。建议各地梳理现有养殖品种，对当地主导的品种养殖机械化进行配置研究，遴选出适合该品种的机械化配置模式，科学合理优化现有池塘并进行机械化塘建改造。

（三）凝练全程机械化生产模式，加强示范引领

健全完善水产养殖装备、机械化生产与适度规模经营相适应的实验室体系和科研集成示范基地布局，以产业应用为重点，推进养殖全程机械化生产技术推广，推出一批全程机械化解决方案。同时加强农机农艺融合，针对不同鱼种、不同养殖方式，分别推进典型示范引领。积极开展养殖机械化技术培训，强化对行业相关的企

业、合作社、农民技术培训，开展技术交流，提升技术应用水平和示范效果。

（四）加强社会化服务体系建设，提升水产养殖专业化水平

水产养殖环节多，通过细分专业化的社会化服务，有效提升水产养殖生产效率及水平。培育和壮大养殖大户、家庭渔场、专业合作社、水产养殖龙头企业等新型经营主体，建立合作社＋养殖户、基地＋养殖户、龙头企业＋养殖户等服务模式，实现养殖户与现代水产养殖业发展有机衔接。特别是在育种育苗、防疫处置、起捕采收、尾水处理等薄弱环节，通过以点带面提供产前、产中、产后一条龙专业服务，满足渔业生产的服务要求，促进水产养殖业生产发展。

（五）完善农机购置补贴模式，扩大补贴范围

根据水产养殖机械成套使用的特点，在标准化配置规范的基础上，将标准化养殖场所需要的机械打包补贴，更有利于发挥补贴作用，通过水产养殖机械成套补贴，提高机械化水平及技术的推广应用水平，推进水产养殖全程机械化，促进我国水产养殖装备向高质高效转型升级；结合实际情况，指导新建养殖场按照标准化配置规范进行建设，验收合格后可给予一定补贴；对已经建成的养殖场在原有基础上进行适当改造，可参照标准化配置规范进行，不必一刀切，改造完成后对关键环节进行验收，验收合格后可给予一定补贴。

大食物观背景下关于设施渔业发展的思考

夏　芸

全国水产技术推广总站

2022年全国两会期间，习近平总书记提出并全面系统地论述了“大食物观”。习近平总书记指出，要树立大食物观，从更好满足人民美好生活需要出发，掌握人民群众食物结构变化趋势，在确保粮食供给的同时，保障肉类、蔬菜、水果、水产品等各类食物有效供给，缺了哪样也不行；要向江河湖海要食物，稳定水产养殖，积极发展远洋渔业，提高渔业发展质量；要向设施农业要食物，探索发展智慧农业、植物工厂、垂直农场，有效缓解我国农业自然资源约束。作为设施农业的重要组成部分，设施渔业在缓解自然环境和传统生产条件束缚压力、提高生产效率、保障水产品有效供给、保障粮食安全等方面具有突出作用。在大食物观背景下，发展设施渔业在推进渔业高质量发展方面具有重要意义，同时也面临重大机遇与挑战。

一、设施渔业发展现状和重要意义

设施渔业兴起于20世纪中期，在传统池塘养殖的基础上，随着科学技术的不断完善和材料装备的不断进步，运用工程、生物、材料等多学科知识，在陆上或海上营造出适合水产养殖的水体条件，科学管控养殖全过程，实现集约化高效养殖。在设施水产养殖方面，已形成一大批技术较为成熟、可复制可推广的养殖模式，例如内陆设施水产养殖的“跑道式”循环水养殖、“流水槽＋稻田”循环水养殖、鱼菜共生（温棚蔬菜种植＋设施养鱼）、陆基圆池循环水养殖、集装箱式循环水养殖等，以及海上设施水产养殖的普通海水网箱养殖、筏式养殖、深水抗风浪网箱养殖（重力式深水网箱、桁架类养殖）、养殖平台、养殖工船等。目前，全国已建成池塘设施养殖面积 4 500 多万亩，工厂化养殖水体近 1 亿立方米，深水网箱水体 3 800 万立方米，设施水产养殖年产量约 2 630 万吨，约占全国水产养殖产量的一半。设施渔业逐渐趋于技术科学化、方式集约化、管理现代化，在提高养殖水产品产量、平衡食物地区供应需求、保障国家粮食安全等方面发挥着重要作用。

（一）有利于缓解资源短缺问题

“水、种、饵、密、混、轮、防、管”是传统水产养殖的八要素。养鱼先养水，更要先有水。传统水产养殖模式对水量、水质、水温等都有着严格要求，设施渔业的创新发展，在一定程度上解决了养殖活动对水的资源依赖问题。以工厂化循环水养殖模式为例，在室内搭建设备装置，模拟适宜的水质环境并循环利用，养殖密度可达 50～100 千克/立方米，水循环利用率 95％，可节地 99％以上，极大缓解了水、土地资源压力。宁夏在盐碱地区开展“温棚蔬菜＋种植设施养鱼”鱼菜共生综合种养模式，将蔬菜大棚划分为蔬菜种植区和设施养鱼区两个生产区域，通过把养鱼设施镶嵌在蔬菜大棚中，设施养鱼和蔬菜种植在同一空间中互生共作，生产全程不换水、不施化肥，充分开发利用了当地丰富的盐碱水资源，提高了盐碱土地利用率和产出效益，促进水产养殖从资源依赖型向创新驱动型和生态环保型转变。

（二）有利于提升“菜篮子”平衡供应水平

俗话说，“靠山吃山，靠水吃水”，“一方水土养一方人”。但是在物质文化日益丰富的今天，老百姓的饮食习惯也在发生潜移默化的改变。从席卷大江南北的小龙虾，到年轻人群体中兴起的螺蛳粉热潮，说明从前吃不到的、见不到的，现在也都要吃得到、吃得好。主食不主，副食不副，是未来人们饮食结构转变的必然结果，也对水产品稳产保供有了更高的要求。以工厂化基础设施、水质检测及处理设备、精准饲喂设备、产地保鲜设备为主的设施水产养殖模式和装备体系，在生产、加工、储运、销售的每一个环节，均为设施渔业的安全稳定生产提供了坚实的技术支持和物质基础。以陆基集装箱循环水养殖为例，在岸上搭建集装箱式循环养殖箱进行养鱼，配套养殖池塘进行尾水处理和循环利用，集装箱单个箱体（25 立方米水体）最高年产 3 吨鱼，可节地 75％、节水 95％、节力 50％，实现了“山区养鱼”“旱地养鱼”，在端牢饭碗后，进一步丰富了百姓餐桌。

（三）有利于提高渔业生产风险防控能力

水产养殖属于高风险农业生产活动，多发易发的病害、日趋严格的环保政策等因素，都显著影响着养殖活动的成败。在积极争取渔业保险等外部保障的同时，还要练好“内功”，不断提高水产养殖活动自身的风险防范能力。目前已经成熟化的设施水产养殖模式能适应多种类型的养殖水域环境条件。如，水产养殖尾水处理技术模式能够显著提高养殖尾水处理水平，逐步实现循环利用或达标排放，减轻环保压力；稻渔综合种养技术模式能够显著降低农药、化肥的使用量，提高产品质量安全和经济效益。与传统农业生产相比，设施渔业生产环境相对密闭，也具有较强的防灾减灾能力。

二、设施渔业发展存在问题

（一）渔业设施装备老旧，现代化水平不高

虽然我国设施渔业领域的发展取得了丰硕的成果，但整体研发推广起步较晚，地区间、模式间发展不均衡，大部分设施装备较为老旧，过程控制较为基础，养殖生产机械化、规模化程度不高。部分设施装备的生产还依赖于进口，装备供应商的生产制造水平参差

不齐。

（二）冷链物流基础薄弱，加工覆盖率较低

近年来，我国冷链物流总体水平提升，水产品的冷链流通率由2009年的23%提高到41%，但与欧美发达国家95%～100%的先进水平相比还相距甚远。我国水产品产地低温处理率为54%，与发达国家平均处理率90%相比还有一定差距。在打造“水产品产地预冷—初加工—冷藏保鲜—配送中心”完整的冷链流通体系方面亟须进一步强化提升。

（三）养殖户文化程度普遍不高，专业人才稀缺

当前，我国的水产养殖主体仍然以个体养殖户、家庭承包经营为主，且普遍年龄偏大，文化水平偏低，靠传统手艺吃饭的观念根深蒂固，对引进新技术、配置新设备、推广新技术的预期收益持保守观望态度；受机构改革影响，水产技术推广机构职能弱化、队伍缩编，专门从事技术推广和研发的技术人员缺乏，对设施装备熟练运用并能解决生产环节存在问题的专业人才稀缺。

三、对策与建议

以“大食物观”为指导思想，牢牢把握“向江河湖海要食物”的重要发展机遇，设施渔业在新形势下的稳产保供和国家粮食安全等方面大有可为。针对当前设施渔业发展存在的问题，现提出如下建议。

（一）把握政策机遇，加强政策引领

在我国全面推进乡村振兴、加快农业农村现代化发展的背景下，加快渔业转型升级已成为共识。《国务院关于印发“十四五”推进农业农村现代化规划的通知》中明确提出“强化农业科技和装备支撑”的战略导向；财政部、农业农村部发布的《关于实施渔业发展支持政策推动渔业高质量发展的通知》明确“渔业发展补助资金主要支持纳入国家规划的重点项目以及促进渔业安全生产等设施

设备更新改造等方面”；农业农村部印发的《“十四五”全国渔业发展规划》中要求，“要加快水产品冷链物流设施设备建设”，“加强产地仓储保鲜和集配设施设备建设，完善冷却、冷储、冷运、冷销的水产品全程冷链体系”。国家政策倾斜与资金投入将为设施渔业带来新的发展活力。要加强组织领导，把握国家政策机遇，用好用足补助资金，逐步推进渔业生产标准化、规范化、精准化。

（二）强化科技创新，加快成果转化

要进一步强化科技支撑，以问题和短板为导向，加快科技驱动创新，研发一批适于现代渔业发展水平的新技术新产品新装备。如果科技成果被困在科研部门的“围墙”之内，研用脱节，不能及时转化为推动产业发展的生产力，其成果意义将被大大削弱。因此，要提高成果转化力度，切实提升渔业生产能力，不断提升设施渔业的机械化、智能化水平。

（三）完善行业标准，注重示范推广

针对设施渔业学科交叉性强的特点，建立健全标准体系，引导设施渔业规范有序发展。要加强设施装备生产和养殖管理技术模式的标准化建设，强化示范引领，以遴选“五大行动”骨干基地、遴选新产品新装备等科技成果为抓手，树立示范样板，制定技术规范，培养技术人才，宣传典型案例，完善产学研推一体化的技术推广平台，因地制宜推广应用，充分发挥示范基地在技术模式集成示范和引领带动方面的重要作用。

我国高密度水产养殖高质量发展展望

付晓航　李　丹
北京食品科学研究院

仓廪实，天下安。在大国地域冲突、新冠疫情持续和自然灾害频发的背景下，粮食安全已成为关系国计民生的重要战略问题。习近平总书记提出，要树立“大食物观”，开辟更多的获取食物的途径，丰富消费者的菜篮子，是大食物观的出发点和落脚点。渔业作为我国农业的一个支柱产业，是向江河湖海要食物的主要生产方式。目前，我国是世界上唯一养殖产量超过捕捞产量的国家，养殖产品也成了我国水产品供给的主要来源。随着我国水产品种类逐渐增多，水产养殖业产业区也已有从沿海地区向内陆发展的势头。水产品可为居民提供优质动物蛋白，随着我国经济和居民生活水平的逐年提高，人们对水产品数量和质量的需求持续增加，内外部环境的变化给我国渔业的转型升级提出新要求、新方向。

一、我国高密度水产养殖业发展的现状与问题

改革开放后，我国逐步设立高密度、大规模的水产品养殖场，并出台相关政策福利鼓励水产养殖民营企业开展生产活动，水产品养殖产量在满足市场的需求下，已初步实现了集约化、设施化养殖。高密度水产养殖不仅是我国农业经济产业升级的需要，也是人民群众对生活多样性的需求体现。通过创新提升水产养殖技术并提高水产品的产量，有利于水产品的良好可持续发展。

但是，随着水产养殖业的不断发展，高密度水产养殖相关问题

也逐渐显现。我国对于高密度水产养殖、水污染防治等方面缺乏相关的专项法律法规及行业标准；高密度水产养殖渔业产业布局不平衡，产业链发展优势不明显；在良种创制和疫病防控方面仍存在瓶颈，大量渔药使用带来食品安全问题；对于水产养殖产业的科技创新投入不足，制约产业高质量发展。随着水产养殖成本的不断提高，自然资源也愈发紧张，新时代高密度水产养殖亟待完成产业转型。当前，一些地区积极开展高密度水产养殖转型发展，其经验值得总结和推广。

二、高密度水产养殖高质量发展的典型案例

（一）河北易县渔业转型案例

易县隶属于河北省保定市，水库塘坝资源丰富，拥有"七山一水二分田"之称，是"国家级生态示范区""北京上游水源涵养区"。自 20 世纪 80 年代开始大力发展网箱养殖示范，2008 年养殖产量达 2 000 箱左右，但是养殖中大量的鱼排泄物、残余饵料、废料带来了严重的环境污染。随着国家对环保方面的要求越来越严格，易县政府和居民生态保护意识也在逐年提高，自 2009 年易县政府开始对渔业产业政策及部分水产养殖方式进行调整，逐步取缔无序的网箱养殖，使易县水产养殖面积和产量逐年减少。随着农业供给侧结构性改革的持续推进，按照农业农村部"减量增收、提质增效、绿色发展、富裕渔民"的渔业发展要求，易县渔业开始了转型之路。易县结合自身水资源禀赋和地域特征，将渔业发展融入当地旅游发展战略中，通过在生态红线范围内合理开展大水面增养殖、打造观光体验休闲渔业、引进先进技术装备发展冷水养殖等方式，推进三产融合，有效延长渔业产业链、提升价值链，走出了一条适合当地渔业发展的道路。

（二）湖州南浔区渔业高质量发展案例

位于浙江省湖州市的全国著名淡水养殖区南浔区，因其所处位

置地势低平、水资源丰富，区域经济发达、产业技术水平高、水陆交通便利、拥有良好消费市场等优势为创新现代化渔业发展模式提供了坚实基础。作为传统淡水养殖区，其渔业产值超全区农业总产值的1/3。南浔区的传统渔业以散户开展的高密度养殖为主，其淡水养殖渔业基本实现了养殖品种、养殖方式及消费群体差异化的发展。南浔区通过采用“跑道串联”网格和“稻渔共生”等养殖模式、建立渔业物联网智慧渔业养殖管理系统、建设养殖尾水处理设施、运用膨化饲料替代冰鲜鱼等新技术，有序推进渔业转型升级和绿色发展，形成了独特的渔业发展优势。

三、高密度水产养殖高质量发展成功经验分析

在河北易县和湖州南浔区高密度水产养殖转型发展中取得了以下成功经验：

（一）结合地域优势，优化养殖结构

易县水库多为塘坝，自然水资源及增养殖品种较为丰富。为配合发展生态渔庄，当地积极推进大水面增养殖。南浔区结合自身淡水养殖区的优势，应用多渠道发展生态渔业，采用跑道养殖技术，将生态养殖模式全区范围推广，通过发展“稻渔共生”推进渔业调整产业结构性变革，实现系统可持续循环。为减少高密度养殖排放污水对生态环境产生的负面影响，引进养殖尾水处理设施，使用新技术新工艺，实现循环水再利用或达标排放。

（二）出台配套政策，促进转型升级

2017年南浔区政府出台《南浔区养殖水域滩涂规划》，通过制订养殖布局规划促进渔业有序发展。此外，还先后制定了《南浔区2017年鼓励休闲生态渔业精品园和池塘内循环养殖发展实施方案》和《南浔区渔业转型升级绿色发展实施方案（2018—2020年）》等政策，以促进渔业转型升级。为降低渔民养殖风险，2018年6月区政府出台淡水养鱼保险新的补贴政策，降低渔业损失，落实金融保

障。河北易县根据农业农村部等十部委2019年出台的《关于加快推进水产养殖业绿色发展的意见》充分利用易县自然水域，大力发展休闲垂钓观赏渔业。

（三）强化品牌优势，拓展新兴产业

河北易县在积极发展垂钓渔业的同时，将垂钓与餐饮、住宿相结合，融合发展，提高综合产值。湖北南浔区通过品牌强渔，以大品牌带动小品牌，提升整体知名度，发展精品渔业，打造现代渔业产业体系，休闲拓渔，实现渔旅融合发展，拓展渔业产业新动能。

（四）发展智慧渔业，推进渔业管理

湖北南浔区创新渔业经营模式，创建智慧养鱼平台以推进渔业管理数据资源共享开放，通过科技优化产销管理体系，推广可追溯渔业销售服务平台，保障价格的同时，使渔业从养殖到交易全场景融合。

（五）搭建技术服务平台，解决养殖难题

湖北南浔区搭建技术服务平台，构建“一主多元”水产技术推广体系，切实解决渔民养殖难题，以标准引领产业技术发展。南浔区积极开展科技兴渔技术，通过推广鱼菜共生、膨化饲料替代冰鲜鱼等新技术，实现水产养殖的生态化改造，消除渔业排放的尾水对环境带来的负面影响。

四、高密度水产养殖下一步发展的对策和建议

（一）持续升级改造传统的养殖模式

传统养殖规模较大，养殖模式相对粗放，对环境具有一定影响。建议根据市场需求对传统的水产养殖品种进行合理开发及推广。建议持续开展养殖地区的整体改造升级，提高水产品产出能力，对养殖尾水进行处理后循环利用，减少排放，达到节能减排的效果。

（二）鼓励上下游多产业融合发展

随着生活水平的逐年提升，人们对于业余文化生活的需求更加

多样化。建议加强跨领域与跨行业的协同创新，推动有条件的水库、养殖场或其他专营休闲观赏渔业向渔农复合休闲体验、餐饮住宿一体化转型升级。通过对休闲渔业的潜力发掘，提升其整体附加价值。同时，加快实现休闲渔业现代化，推进休闲渔业与文化、互联网等产业融合发展，同时积极打造渔业全产业链集群发展，融合餐饮、住宿业、旅游观光为一体的特色休闲渔业体系，提高自身综合竞争力，为实现休闲渔业产业的可持续发展。

（三）产学研合作突破发展瓶颈

依托渔业相关高新技术企业、高校及科研院所建立科研服务平台，通过产学研三方合作，解决渔业产业的技术问题、研发问题，突破渔业资源开发利用及生态保护的壁垒，提高渔业科研成果转化率，将科研成果、应用成果及转化技术结合，全面推进渔业经济的高质量发展。

（四）规范监督管理模式，加大监管力度

建议各地因地制宜，制定符合本地区发展情况的渔业政策，加强对渔业市场的规范管理，建成持久长效的管理机制，全面完善渔业产业体系，合理规划渔业转型后的未来发展；同时建立相关专项资金的扶持制度，对发展前景好、潜力大的企业或个人进行政策及资金方面的支持。在国家政策基础上，培养并引进专业人才，提高服务意识，建立良好品牌，注重品牌效应。通过营造宣传氛围，品牌推介活动的开展，积极引导市场的消费群体，扩大企业影响力。

（五）坚持可持续健康发展，保护生态环境

深入践行“绿水青山就是金山银山”重要理念。积极学习发达国家和地区的低碳制度政策和先进技术，通过加强对渔船及废弃物的排放管理，减少环境污染源，建立现代化环境监测系统，创新生态系统综合监管政策，从根本上保护、维持和修复生态环境，从而达到可持续性发展。

水产养殖中的大食物观

童　露

中国农业大学食品科学与营养工程学院

2022年习近平总书记在全国两会期间强调了要树立“大食物观”，做到充分向江河湖海要食物。我国是水产养殖大国，却仍处于养殖效率难提升、产业链短的传统养殖状态。因此，具体分析水产养殖发展过程中的问题，提高水产品发展的产能，从而为国民提供稳定安全的水产品，不断满足人民日益增长的美好生活需要。本文将围绕提高养殖水产品的供给能力，分析升级水产养殖的重要性、现存问题和发展建议3个方面，更好地贯彻水产中的“大食物观”。

一、水产养殖的重要性

（一）国民消费结构改变，水产品需求量增长

水产品是人类摄取蛋白质的主要来源之一，在食物供给和国民营养膳食结构中有着举足轻重的作用。随着人们对食物需求多样化的发展，我国饮食消费结构发生了相应的变化，人们对水产品的需求日益增加，预计到2036年，我国人均水产品消费量将达到消费总量的36%左右，且该比例还会不断上升。面对国民对水产品消费需求的持续增长，国内外水产品供应链却受到全球疫情和国际形势剧烈变化的冲击，因此，在国内建立起高效、环境友好的水产养殖模式是十分必要的。

（二）我国水产养殖总量大，为世界提供大量水产品

我国作为渔业大国，是世界上唯一一个水产养殖总量超过捕捞总量的国家，2020 年我国养殖量占水产品总量的 79.8%，养殖水产品人均年占有量是世界平均水平的两倍，为全球提供了众多水产养殖品，主要以未深加工的鱼、虾、贝类构成，2021 年我国水产品出口额高达约 219 亿美元。在渔业现代化和生态可持续的发展背景下，应升级传统水产养殖方式，持续为国民乃至世界提供更多优质水产养殖品。

（三）水质性缺水，天然渔业资源利用达饱和

我国虽持续多年进行水环境综合治理，但水质性缺水问题未得到根本性解决。一方面，水体污染使水生生物生存环境恶化，导致渔业捕捞资源流失。另一方面，捕鱼业仍存在非法捕捞、过度捕捞等恶性循环问题。针对这一现状，我国已积极推出禁渔等相关措施，一定程度上缓解了过度捕捞带给水域的生态压力，但面对天然水域禁渔导致的水产空间减少，和天然渔业资源充分利用的现状，发展现代化水产养殖是一种相对环境友好的水产品供应方式。

二、水产养殖中现存问题

（一）集约化程度低，可持续水平低

目前，我国水产养殖仍属于劳动密集型产业，集约化程度低，从业人员大多缺少系统养殖专业知识和技术。一方面，我国水产养殖对自然环境的依赖程度高，智能化、信息化程度低。虽然在全国各地相继建立了水产技术推广机构，但推广体系仍然相对落后，也缺少推广经费和技术人员，总体导致养殖生产效率偏低。另一方面，少数养殖从业人员为了提高经济效益，进行超容量养殖，加重水体负担，不利于可持续发展。

（二）种质资源退化，水产病害损失严重

种质方面，粗放式养殖常常出现单一品种高密度养殖、近亲繁

殖、累代繁殖等问题，导致水产养殖品种发生种质退化，从而使养殖品种抗逆性和抗病性下降，进而影响产量。针对上述问题，我国已经开始进行水产种质资源收集和保护等工作，但水产育种周期长，且长期无序的苗种混养，导致水产物种基因库混淆不清，使种质保护工作仍处于起步阶段，需建立系统的表型与基因型联合数据库。另一方面我国水产养殖品种的流行病学、免疫学等研究起步较晚，名特优水产养殖种类缺少特有的饲料营养标准，饲料营养转化率低，鱼病常有发生。我国每年因水产病害问题造成的直接经济损失可高达数百亿元，严重制约了我国水产养殖业高效发展。

三、水产养殖的发展建议

（一）转变养殖方式，保持生态可持续

我国已研发出许多信息化养殖技术，例如智能水质监测技术、智能投喂技术、水下清污机器人等，但由于技术不够完善、推广不足等原因，尚未系统性应用。因此，在不断研发养殖技术的同时，应当构建完善的智慧养殖模式，将水产养殖与人工智能、大数据等充分结合，积极开展养殖试点工作，树立并推广典型，全面提高养殖效率。

面对我国大水面资源与水产品供给量不匹配的现状，科学规范地适度推行大水面渔业生产养殖，以千岛湖保水渔业模式为例，将成功案例因地制宜地推广至全国，提高大水面的水产品供应量，也是对大水域的生态的合理养护。根据不同区域的水体条件，将原有池塘养殖、网箱养殖等转型升级成生态养殖、外海多生态位综合养殖等绿色高效的养殖模式，提升水产养殖的可持续性。

要实现新养殖模式的大规模应用，必不可少的是人才培养和技术推广。通过举办技术交流会、培训班等方式，提高原有养殖从业人员的专业素养。依托全国高校的教育资源，加快培养水产与信息学等学科交叉领域的人才，实现产学研一体化发展，为基层养殖输

送新鲜血液。

（二）搭建数据共享库，提升保种育种能力

面对野生水产种质资源锐减的现状，应继续加强现有种质资源的普查、收集与保存工作。在生物学、经济学、信息学等学科交叉领域对种质资源开展全面的研究，确保数据的全面性和有效性。在此基础上，针对不同类型的水产生物特点，进行相应的生产性状测试和遗传特性评价，为品种培育、改良目标性状、挖掘新生物基因资源提供理论数据依据。

迄今为止，我国已相继攻克了草鱼、大黄鱼、鳙、凡纳滨对虾等众多水产养殖生物的全基因组测序难关，但这些数据分散在不同科研单位，影响其共享与利用。若能建立起完善的水产养殖生物数据共享库，便能有效提高种质资源保种育种的研发效率，减少对国外名特优种质资源的依赖性，有利于我国建立独立自主的水产养殖产业链；同时为开发新养殖品种提供思路，进而提升水产养殖的供给能力。

（三）精准防控病害，保证食物安全

一方面，我国应加快整合相关数据资料，构建水产动物疾病诊断知识图谱，提高病害相关的知识检索效率，有利于在病害发生时及时控制病情，实现损失最小化。另一方面，根据细菌、寄生虫等不同类型的水产疾病，研制特异性疫苗、免疫增强剂等药物，将养殖过程中可能存在的病害遏制在摇篮里，从源头上减少经济损失。

此外，水产品对流通条件的要求较高，需建立一套能满足保鲜、冷冻、防腐等不同要求的冷链物流体系，完善各地水产物流网络。同时加大对水产品中污染物的快速检测、货架期预测模型等相关的研究，监控水产品贮运过程中的质量安全问题，建立可追溯体系，严格把控全产业链中的各个环节，创新保鲜技术、包装设计，结合物联网技术、5G＋智能互联技术等，全面保障水产品品质，让全国人民都能吃上新鲜安全的水产品。

（四）加强品牌建设，延伸产业链

我国有“阳澄湖”“獐子岛”等知名水产养殖企业，但从整体看，中小型养殖或初级加工企业占比超过95%，水产养殖业的发展需要更多头部企业的带动。而目前我国水产养殖的龙头企业数量较少，品牌效应不足，导致价格优势不明显，出口竞争力不强。因此，应加快养殖企业的品牌建设，针对自身产品，形成有特色、有竞争优势的企业。同时，延长产业链，向前延伸开发精深加工领域，实现产品多样化，满足各类消费群体的需求，提高市场竞争力；向后延伸扩大养殖规模，加强生产质量监管体系，提供稳定、优质的水产品原料。

四、总结

通过升级水产养殖来提升水产品的供应能力，是积极响应“十四五”渔业现代化和习近平总书记“大食物观”的重要体现，具有更加高效地发挥“向江河湖海要食物”的作用，此举能够提升我国水产品供给的稳定性，保证我国的粮食安全。通过本文的分析、总结和建议，能够为水产养殖的发展提供思路，为贯彻水产中的“大食物观”提供指导。

水产养殖在水产品稳定保供中的作用

陈　冈　何瑜琼
上海市金山区水产技术推广站

2022年3月6日下午，习近平总书记在看望参加全国政协十三届五次会议的农业界、社会福利和社会保障界委员，并参加联组会时强调，要树立大食物观，从更好满足人民美好生活需要出发，掌握人民群众食物结构变化趋势，在确保粮食供给的同时，保障肉类、蔬菜、水果、水产品等各类食物有效供给，缺了哪样也不行。《尚书·洪范》有云："洪范八政，食为政首。"食中蕴藏生存之道，食中蕴藏发展之道，关乎国家稳定、人民幸福，树立大食物观是习近平总书记对更好满足人民美好生活的深思熟虑，是全方位、多途径开发食物资源的战略擘画。

广开食源耕天下，除了通过土地种植粮油蔬果之外，人们同样可以通过科学合理的布局规划，在确保生态环保的基础上，向江河湖海要食物，通过科学技术的提升，不断做大做强水产养殖产业，实现水产养殖在现代农业的占比稳步提升。随着我国人民生活水平的不断提升，对包括水产品在内的优质蛋白质需求必将不断增长，更加自发地推动水产养殖产业的科学快速发展，在产业发展的同时，也一定会对繁荣农村经济、提升群众生活品质、帮困扶贫、保护生态环境发挥更加重要的作用。

无论当下的经济结构如何优化，农业始终都是关乎国计民生的重要产业。面对"百年未有之大变局"及世纪疫情的交织影响，水产品的稳定供给大部分需要依赖水产品的人工养殖，要做好水产养殖，就要大力发展水产技术，把现代科学养殖技术应用到传统养殖模式中，推动渔业产业的新发展。

一、水产养殖发展现状

我国是世界养殖产量第一的水产大国，有着丰富的渔业资源以及养殖历史，在养殖水产品的过程中，水产养殖技术也在逐步提高，养殖体系逐渐形成。同时，20 世纪 80 年代以来，由于水产养殖业的无序发展、养殖废水的随意排放，均对近岸水域的污染造成了不利影响，也与日渐兴起的旅游、航运等经济活动产生了矛盾冲突。因此，在力保水产品养殖安全生产的前提下，对于未来，需要更加注意水产养殖业的可持续发展。

2021 年，上海市农业农村委员会印发了《2021 年上海市水产绿色健康养殖技术推广“五大行动”实施方案》，全市各区积极响应、扎实推进，充分利用好包括水产养殖尾水治理在内的各项扶持政策，因地制宜推广生态环保的水产养殖尾水治理技术模式，发挥骨干基地和典型示范场的技术引领和示范带动作用，通过“五大行动”的持续实施，有效促进了金山区水产养殖绿色高质量发展和水产品稳定保供。

金山区地处杭州湾畔，位于沪、杭、甬及舟山群岛经济区域中心，拥有丰富的土地资源、23.3 公里的海岸线以及建深水港的天然条件，这些构成了其得天独厚的地理优势、环境优势和经济辐射优势。金山区目前主要为淡水养殖，区域内养殖水面积超过 1 万亩，主导养殖品种为南美白对虾，同时区内还有全上海最齐全的养殖品种，包括四大家鱼、大口黑鲈、罗氏沼虾、中华绒螯蟹、中华鳖、团头鲂、鮰、鸭嘴鱼等特种养殖品种。2021 年全区淡水养殖总产量超 5 200 吨，渔业总产值约 1.6 亿元。

二、如何抓好水产养殖，确保水产品稳定保供

一方面是突出抓病害防治。伴随水产养殖业的快速发展，水生动物疾病问题也日渐凸显。水产养殖病害防治关系到整体行业的发展，直接影响着水产品的质量，是水产养殖安全健康的突出性影响因素。根据《2022中国水生动物卫生状况报告》，近年来，我国水产养殖每年因疾病造成的直接测算经济损失约500亿元人民币，疾病导致了养殖从业者为防病而盲目用药，给水产品的质量安全、生态环境安全和生物安全带来了隐患。目前，疾病已经成为困扰水产养殖业正常发展的主要瓶颈，因此，防病问题是我们的当务之急。

防控措施：

1. 抓好水产苗种产地检疫，建立健全水产苗种产地检疫工作协调机制，建立规范、可操作的检疫操作规程，有序开展水产苗种产地检疫工作；优化养殖品种结构，强化育种创新能力，积极引进国内外优良种苗，优化育种技术方法；开展水产新品种生产性能测试，对重点水产新品种先行先试，面向农民专业合作社和种养大户推广新品种，提高农民新品种、新技术的使用率，切实提升水产种业质量。为渔业产业生物安全、水产品质量安全提供有力保障，促进渔业健康稳定发展。

2. 建立综合防病工作机制。组建疫病防控专家团队，建立综合防控工作机制，开展水产养殖病害监测，掌握病原分布、流行趋势和病情动态；做好日常水质检测工作，掌握总磷、总氮、亚硝酸盐等数据动态。合理运用大数据、人工智能等技术手段，实施对养殖水质、养殖动物数量和疾病等的监测及防控，保证水产品养殖生产的智能化、信息化，从而强化病害监测预警，实施综合防控措施。

3. 依法建立用药规范，科学减少用药量。严格遵守《兽药管理条例》《动物防疫法》《饲料和饲料添加剂管理条例》等法律法规。科学合理用药，严格遵守休药期制度，认真落实用药减量各项技术措施，加大依法科学用药的宣传与指导，深入基层，进塘入户进行

现场指导。

另一方面是大力抓水产养殖结构调整。为了做到水产养殖的可持续发展，需要优化升级水产养殖体系，加强技术指导，推广绿色养殖。推进传统渔业的转型升级，通过实施养殖区域养殖尾水异位处理，最大程度地降低水产养殖对环境造成的影响，实现养殖尾水排放水质标准符合《上海市水产养殖尾水排放操作规程（试行）》，使该项目成为金山区统一化水处理建设的典范，从而保障金山区渔业健康可持续发展。要保障养殖水产品的质量安全，不仅仅依靠渔民的力量，更要从整体上形成健康的产业结构，推动产业结构优化，才能让渔民在养殖过程中保证并提高自己的水产品质量，在保证安全生产的前提下形成自己的特色产品。这不仅可以提高渔民收入和地区经济效益，更可以为保障养殖水产品的质量安全提供根本保证。

三、扎实推进水产养殖技术，引进青年专业人才

基层农技推广人员是农业新技术、新方向的传播者，也承担着为农业生产提供技术指导、监督农产品质量安全的重要责任，需要切实解决农业技术需求和农户生产经营技术难题，是农技推广到农户的“最后一公里”。近年来，有越来越多的年轻人进入农业生产，但农业从业者仍旧面临整体年龄偏大、文化程度偏低的问题。在经济转型的大背景下，各行业竞争愈发激烈，水产养殖要想维持长远稳定的发展，需以水产技术推广工作为支撑，帮助农户更新养殖观念，学习先进的养殖技术，在保证水产品质量达标的前提下，通过技术革新来降低成本、提质增效。在全面推进乡村振兴的背景下，为更好推动农业技术发展，实现农业技术人员知识化、年轻化，要加强对基层农技队伍的建设。

（一）做好科学宣传教育，提升从业人员素质

食品安全关乎人民健康，保障水产品质量安全再为重视也不为

过。水产养殖在成功养殖的前提下，更要稳定保证水产品的质量安全，这就需要科学知识的支持。由于渔民受教育程度低、科学观念缺乏、质量安全意识淡薄等，可能会发生乱用药、乱排放等问题，很大程度影响到生态环境。既要保护水产品质量安全，又要保护好生态环境，最直接的方式就是持续开展宣传教育，让科学养殖理念被更多人学习和接受。

（二）科学设置培训课程，提高实践技能锻炼

针对基层水产技术推广人员，基层一线队伍中普遍存在专业不对口问题。对于有多年工作经验的水产技术推广人员，可开展现代化水产养殖知识和经营管理相关课题，以此为培训重点方向；对于近年来的“新”水产技术推广人员，可先以水产养殖基础知识、上海市水产养殖现状课程为培训重点。此外，网购服务、直播带货等新颖销售方式也需要进行系统规范的培训，以便为渔民开辟新的销售渠道。培训可采用课堂互动、现场观摩、站企联合等方式，共同提高技术人员的实际操作技能。

（三）优化升级人才政策，留住专业青年人才

金山区的水产行业发展要想达到更高能级，必须要有更高素质的劳动者和人才的加入，因此，不仅需要吸引上海城区和农业区镇的人员，更需要放开视野，积极吸引国际、国内优秀人才来金山区居住、工作和生活。2022 年 2 月 23 日，金山区正式发布“上海湾区”人才计划，推出金山区人才新政，全力以赴吸引更多人才来到金山、扎根金山、在金山发光发热，全面推动“三个转型”金山新发展、加快打造“两区一堡”战略新高地、全力塑造“三个湾区”城市新形象。在金山人才新政中，金山区现已出台《金山区关于加强农业人才引进和激励的实施办法》，对符合相关条件的农业人才，给予人才落户、创新创业、人才发展、住房保障、健康医疗、生活服务等一系列服务，让外来人才进得来、留得住、住得好。

四、水产养殖的目标与展望

随着《中华人民共和国渔业法》和《上海市水产养殖保护规定》的深入实施，上海市水产绿色健康养殖技术推广“五大行动”稳步推进，金山区将立足自身水产养殖主导产业，积极引进优良品种，不断完善自身水产技术产业体系，持续优化水产养殖方式，保质保量实施绿色养殖、尾水改造项目，努力实现绿色、优质、特色、生态水产品供给的持续增加，加快推进我区渔业高质量发展，为实现我国由水产养殖大国向水产养殖强国的转变，打造特色亮点，最终为有效保障国家粮食安全的目标贡献力量。

江河湖海中的“大食物”

侯春香
上海海洋大学

仓廪实，天下安。在中华民族伟大复兴战略全局和世界百年未有之大变局与新冠疫情相互交织、大国博弈日趋激烈、世界进入新一轮动荡期的背景下，习近平总书记提出了“大食物观”，这充分诠释了中国共产党人民至上的立场，体现了农业现代化发展，彰显了治国理政新理念。大食物观延伸了以粮为纲的传统的粮食安全概念，完全契合国际通用的“粮食安全”即“在任何时候，所有人都能买得起并能够买得到足够的、安全和营养的粮食，以满足人们日常饮食需要和需求偏好，保证人们积极和健康的生活。”

大食物观的目标是让人民的饭碗越端越稳，既要吃饱、吃好、吃得安全，也要生态文明和可持续发展，既要满足“量”的需求，也要实现“质”的提升。落实大食物观，就是要持续推进农业供给侧结构性改革，多途径开发食物资源，提升供给效率，优化供给结构，实现各类食物供求平衡，满足人民群众日益多元化的食物消费需求和青山绿水式生态发展要求。水产品来自广大的江河湖海，是“大食物”中的重要组成，是优质动物蛋白的重要来源。江河湖海中的“大食物”一方面体现在产量大，我国水产品产量自 1989 年起持续保持世界首位；另一方面体现在种类多，其中具有经济效益的品种有 200 多种。水产品供给不仅满足了人们对高品质食物的需求，更能提升民众生活水平和身体健康，是美好生活的重要组成部分。

中国既是水产品生产大国又是水产品消费大国。过去 30 年我国渔业发展取得巨大成就。在 1989 年至 2020 年间，水产品总产量年均增速保持在 5%以上，即由 1 333 万吨增加到 6 549 万吨；人均水产品占有量保持年均 4.51%速度增加，即从人均 11.82 千克提高到 46.38 千克。自然捕捞和人工养殖是水产品的两大来源，其中人工养殖为水产品总量增加作出了主要贡献。1989 年我国水产养殖产量为 693 万吨，截至 2020 年，我国水产养殖产量突破 5 000 万吨，达 5 224 万吨，年均增长率为 6.73%，而同期捕捞产量年均增长率仅为 1.80%。32 年间，水产养殖产量增加了 6.5 倍以上，养殖捕捞比从 1989 年 52∶48 提升到 2020 年的 80∶20，水产养殖业成为我国水产品供应的主要来源。中国是水产品超级消费大国。2020 年，中国水产品人均占有量是世界平均水平的 2 倍。1981—2019 年，我国居民家庭人均水产品消费量由 2.49 千克/人/年增至 13.9 千克/人/年，年均增速 4.56%。据中国水产科学研究院渔业发展战略研究中心测算，2019 年我国实际人均消费量为 29.35 千克。按照《中国居民膳食指南（2022）》，29.35 千克仅仅达到膳食宝塔推荐标准的最低水平，相比于《中国食物与营养发展纲要》推荐标准 32.7 千克，还少 3.35 千克。当然，我国也存在着严重的城乡消费不均和区域消费不平衡问题。整体来看，城市居民人均消费水平约是农村水平的 2 倍，有的农村摄入量更少。地区消费差异尤为明显，沿海省市的消费远远高于西部偏远省份。

随着人口增长以及生活水平的提升、陆地资源的大量消耗和占据以及环境污染事件的频繁发生，人类将发展目光转向了约占地球面积 2/3 的水域，这极大地拓展了人类的食物来源、丰富了人类的食物种类，从某种程度上来说践行了大食物观。然而，由于人们无节制地开发渔业资源以及人类生产活动对水域的污染破坏了水产生物的生活环境，使得人们不得不重新审视如何向江河湖海要食物。

向江河湖海要食物就是要坚持以创新为支撑。人工育苗的突破和人工饲料的研发为我国渔业近半个世纪的发展注入了强劲动力，通过摸索建立起的中国水产养殖模式也一度被赞誉为最高效的动物蛋白生产技术，为我国渔业发展作出了重大贡献。尽管水产养殖给人们展现了发展形势喜人的一面，但是我们不可否认这其中也出现品种退化、养殖结构不合理、养殖管理不规范以及养殖技术应用不够等问题。践行大食物观，向江河湖海要食物就是要强化创新是引领发展的源动力。向江河湖海要食物一方面通过拓展渔业发展空间，另一方面提升渔业发展质量。两手都要抓，两手都离不开创新，具体表现在：攻克水产种业创新，大力开展鱼类新品种研究和培育，研发适应不同养殖环境的鱼类新品种；重视深远海养殖装备和设施的优化和完善，研发深远海养殖及其配套技术；探究高效养殖方式，尤其是加强智能化技术在深远海养殖中的应用，降低养殖成本的同时提高养殖效益，有助于发展深远海养殖。

向江河湖海要食物就是要坚持以协调为原则。“协调”主要解决发展不平衡问题。按照协调发展原则要求渔业发展布局要根据各地的资源禀赋、产业基础和经济发展水平情况，加强渔业规划宏观调控，促进区域渔业协调发展。协调原则还体现在渔业不同产业发展方面。虽然，我国当前渔业产业体系建设已经相对完善，但占绝对主导地位的仍然是第一产业，即捕捞业和养殖业，产业间发展不平衡问题仍然突出，也是制约渔业现代化发展的重要短板。按照转变渔业发展方式的要求，海洋捕捞业重点要抓好渔获物品质的提高，促进资源合理利用，促进产业转型升级。水产养殖业重点推进标准化、设施化、组织化。

向江河湖海要食物就是要坚持以绿色为前提。绿色主要解决的是人与自然的和谐问题。习近平总书记指出，要在保护好生态环境的前提下，从耕地资源向整个国土资源拓展，宜粮则粮、宜经则经、宜牧则牧、宜渔则渔、宜林则林，形成同市场需求相适应、同资源环境承载力相匹配的现代农业生产结构和区域布局。事实上，水产养殖和环境保护两者之间不是一定要以牺牲一方为代价才能实现另一方发展的，换句话说两者是可以兼顾的。可以说当前我国的水产养殖已经走出了一条生态环保之路，过去水产业导致的环境污染问题主要是由于管理不规范造成的。绿色发展要求加强水产养殖规范管理，建立资源节约型养殖模式，比如大力推广以养殖容量为基础的生态健康养殖模式、零用药、免疫预防等健康养殖技术以及养殖尾水处理技术等。

向江河湖海要食物就是要坚持以开放为手段。大食物观秉承人类命运共同体理念，通过不断拓宽国内资源来源保障食物供给，不仅是对中国人民负责，也是对全世界人民负责。未来，中国将持续扩大高水平开放，同世界分享发展机遇，提供中国智慧和中国方案。就渔业发展来看，深入推进渔业“走出去”战略，积极倡导水产品自由贸易。乘“一带一路”倡议和国家支持远洋渔业发展机遇，积极发展境外水产养殖，有效延伸海洋国土资源的开发。深化与国外渔业合作。我国与国外在渔业捕捞、养殖、加工以及市场等方面具有明显的互补性，深化交流合作，一方面可以积极引进国外资金、技术、品牌，加快嫁接改造传统渔业，另一方面也可以进一步拓展国外市场。

向江河湖海要食物就是要坚持以共享为目标。“国以民为本，民以食为天”。国家要强大、社会要稳定，就必须始终把老百姓的利益放在第一位，大食物观要求坚持以人民为中心的发展思想，以满足人民群众对美好生活向往为出发点，让老百姓吃得更好、更健康。共享体现在百姓餐桌上，食物品类更加丰富、结构更加优化、品质更有保障，更好地满足人民群众日益多元化的食物消费需求，推动实现全民健康，这也是坚持发展为了人民、发展依靠人民、发展成果由人民共享的具体体现。

更新传统的粮食观念，树立大食物观，是我们面临的历史性任务。具体到向江河湖海要食物，关键在于实现渔业现代化，全面贯彻新发展理念，稳定水产养殖面积，积极发展远洋渔业，推动渔业转型升级提高渔业发展质量。

大食物观视角下江苏渔业发展路径与思考

解荣超
江苏省农业农村厅乡村产业发展处

江苏地处黄海之滨、太湖之畔、大江之岸，水域面积广阔、湖泊池塘众多、沿海滩涂较大，是全国唯一拥有大江大河大湖大海的省份，2020 年全省渔业产值 1 774 亿元，位居全国第一。“十四五”是江苏大力推动渔业发展主动适应新时代需要、加快转变发展方式、推动渔业转型升级、实现渔业高质量发展的关键阶段，如何通过向江河湖海要食物，统筹生态保护和产业发展，是我们面临的重大考验。

一、江苏渔业的基本情况

江苏人均鱼类消费量达到每年 60 千克，是全球水平近 3 倍，全省渔民人均收入达 2.98 万元，比 2015 年增长 43.5%，居全国第一。渔业已成为全省人民群众摄入蛋白质的重要来源，提高了百姓的营养水平，也带动了相关产业的发展。

一是总量全国领先。2020 年全省水产养殖面积 898 万亩，水产品总产量 490 万吨，分别占全国比重的 8.51%、7.48%，位居全国第三、第五。渔业占全省农业产值的比重达 22.3%，比 2015 年提高 0.6 个百分点，高于全国平均水平，占比居全国前列。

二是淡水养殖为主。2020 年全省淡水渔业产值 1 221.6 亿元，连续 30 年位居全国第一，其中淡水养殖产量为 329.26 万吨，占全国淡水养殖总量的11.3%，占全省水产养殖总量的67.2%。全省淡水养殖总面积中池塘养殖面积为31.6万公顷，占养殖总面积的75.2%。

三是产品品种集中。江苏渔业的绝对主导品种是鱼类，主要淡水鱼养殖品种为鲫、草鱼、鳊、泥鳅、鲤等，2020年，全省鱼类淡水养殖产量为234.81万吨，占总产量的71.3%；甲壳类淡水养殖产量为89.09万吨，占总产量的27.1%。全省海洋渔业有鱼类、贝类、紫菜、梭子蟹等，其中以鱼类养殖和捕捞为主。

四是发展生态渔业。长江退捕全面完成，共退捕渔船21 623艘、渔民41 937名，分别占全国总数19.4%、18.2%。推广稻田综合种养面积达270万亩，建设池塘工业化养殖面积超过30万平方米。湖泊生态渔业建设持续推进，太湖、滆湖围网养殖全面退出，全省主要湖泊围网养殖面积压减到52.37万亩。

五是科技引领产业。全省河蟹育苗量约占全国育苗总量的80%，成蟹养殖面积超300万亩、产量超30万吨，约占全国半壁江山。异育银鲫产量居全国第一，产量超60万吨。建立了河蟹、青虾等5个省级渔业产业技术体系，实施了9个品种创制项目，开发推广“诺亚1号”河蟹、“太湖2号”青虾等6个新品种。

二、江苏渔业发展的主要挑战

由于环境压力大、经营手段粗放、科研能力不足、市场监管不到位等原因，江苏渔业产业仍然面临很多挑战，大致有三个方面：

一是质量安全体系有待完善。水产品标准体系配套性不强，对水产品内的农药、渔药及水产养殖用饲料添加剂等残留检测方法滞后。质量标准与水产品出口对象国家标准缺乏衔接，使水产品在出口贸易中遭遇不公正的待遇。传统养殖方式和管理盲目追求高产，养殖密度过载造成病害频发。新型替代渔药和疫苗研发滞后，不合理和不规范用药造成部分水产养殖产品药残超标。外部水资源紧缺和污染制约了水产养殖发展，很多开放式的养殖区域受周边工业、生活污水污染严重，导致水产品重金属超标。

二是基础设施建设有待完善。相当一部分水产养殖基础工程设施薄弱，传统池塘养殖大多仅提供鱼类生长空间和基本的进排水功能，池塘现代化、工程化、机械化水平较低。部分水产养殖建立在对资源、环境等生产力要素的大量占有、依赖甚至是破坏的基础上，生态安全问题已成为制约水产养殖业发展的重要因素，像沿海水产养殖业排放富含氨氮的海水，成为我国北方浒苔绿潮形成和暴发的重要原因。

三是渔业产业结构有待升级。苏南、苏中、苏北地区渔业发展不平衡，一些地方的渔业增长方式仍较粗放。水产品加工技术特别是大宗产品加工综合利用技术尚不成熟和配套，加工能力十分有限，水产产品以初加工为主，直接影响了水产品附加值的提高。休闲渔业等新业态发展不够充分，渔业一二三产业发展融合程度不够高。良种选育研究滞后，人工选育的水产养殖良种很少，占水产养殖总产量70%以上的青草鲢鳙等主要养殖种类目前仍依赖未经选育和改良的野生种。

四是安全生产理念有待加强。海上安全执法、应急救援和统筹指挥力量需要加强，渔业安全生产属地管理责任落实不够。执法体系不够健全，尤其是公海渔业执法的有关程序、措施等不明确，部分远洋渔船的渔民法律观念淡薄，涉外渔业执法难度较大。执法装备不够完备，部分地方执法缺乏适应多种复杂海域的特种船艇和高性能车辆。部分渔港没有常设驻港机构和执法人员，渔船装备与发展要求不相适应。仍存在极少数“套牌”渔船违法违规作业，妨碍渔业正常执法，难以满足渔业安全生产管理需求。

三、江苏渔业发展的对策建议

推动水产养殖业供给侧结构性改革，必须牢牢把握市场化方向，遵循“安全第一、效益优先、保障供给、永续发展”原则。

一是强化顶层设计，完善法律法规。建立统一、公开的水产品质量网上监管平台，完善水产品监管协调机制，推动实现从水产养殖加工到消费者餐桌的全程水产品监管机制。借鉴国外发达国家经验，根据我国实际情况，由国家相关渔业部门牵头制定重要水产养殖标准体系和渔业执法细则，实现定期修订。支持行业团体、专业协会和社团组织制定行业标准、质量标准作为国家标准的重要补充。推动水产养殖风险补偿机制，在水产养殖大县开展水产品价格保险、自然灾害保险和水产品病害保险等试点。

二是建立渔业组织，提高组织化程度。支持在全省渔业养殖大县引导水产养殖合作社、水产养殖大户等组建以县级行政区域为单位的水产养殖协会。省级水产养殖协会联合总会在全省1/2以上的水产养殖大县存在基层水产养殖协会后，由各基层水产养殖协会推举产生领导层，主要负责规划引领、标准制定、信息咨询、农业金融、行业维权等宏观服务。基层水产养殖协会直接对农户开展技术指导、产业协调、生产资料配送、农产品初加工与储运等服务。省、基层两级水产养殖协会均为独立法人，构建省-基层两级水产养殖协会体系。

三是推动三产融合，延长产业链条。提高水产品加工企业对应用型水产品加工工艺技术的投入，通过财政补贴等方式鼓励企业投资研发、更新设备。推动水产品产地初加工、副产品利用、质量安全等重大关键技术、装备的开发与示范推广。积极开展水产养殖业一二三产融合试点示范，大力发展休闲垂钓、水族观赏、渔事体验、渔文化旅游等新型业态，加强休闲渔船、钓饵安全等设施设备和关键环节的规范管理。大力推动农超对接、农批对接，加快培育现代水产加工园区和水产品冷链物流体系，以市场为导向带动水产品加工增值、流通增效，延长水产养殖产业链、提高价值链。

四是加强监督管理，构建长效机制。完善渔业违法行政处罚制度和重大农产品违法违规黑名单制度，推动国际渔业执法合作，强化行政机关与人民法院信息互通及协调配合，构建行政执法与司法保护的联动机制。拓宽社会舆论监督渠道，完善消费者举报回应机制，定期邀请消费者代表到水产养殖户、水产养殖企业、水产品检测机构等参观考察，让消费者能积极参与水产品质量安全监管。加大渔业执法设施装备投入力度，逐步建立健全全域渔业执法互通互联应急响应机制。

五是推动科技创新，提高产品附加值。通过立法保证水产养殖和远洋捕捞科研投入的适度增长，设立专项扶持资金，支持重大关键水产养殖技术、水产品加工标准化技术的示范推广。建立区域水产养殖科研试验示范推广站，上承公立水产养殖科研中心，下接基层水产养殖农技推广体系，推动重大科技成果直接服务于一线生产。建立健全各类水产养殖加工知识产权的信息数据库，通过公共网站定期发布官方信息，增加产权收益和减少合法权益被侵害，促进水产养殖知识产权保护工作健康发展。

迈向深蓝——“双循环”新格局下浙江远洋渔业高质量发展对策研究

牟盛辰
台州市港航口岸和渔业管理局办公室

习近平总书记系统论述“大食物观”时指出，要向江河湖海要食物，稳定水产养殖，积极发展远洋渔业，提高渔业发展质量，为做好渔业工作提供了根本遵循。远洋渔业是海洋经济和现代农业的战略性产业，是践行“大食物观”的重要突破方向，对于丰富优质水产品供应、保障国家粮食安全、维护国家海洋权益具有重要意义。浙江远洋渔业领跑全国，远洋船队规模和远洋渔业产量均居全国第一，舟山成为全国首个国家级远洋渔业基地，特别是舟山远洋鱿钓船队规模高居全球第一，鱿鱼年产量连续 9 年稳居世界首位，综合发展水平位居全国第一方阵。“双循环”新发展格局下，全面推进浙江远洋渔业高质量发展，是贯彻“海洋强国”战略和落实“一带一路”倡议的重要组成，是高水平打造乡村振兴示范省和高水平争创社会主义现代化先行省的海洋战略支撑，既有重大现实意义，更有深远战略意义。

一、政治经济学视阈下浙江远洋渔业发展的战略意义

（一）伟大复兴新使命：远洋渔业是维护国家海洋权益的重要手段

党的十八大首度将建设海洋强国上升至国家战略高度，党的十

九大明确作出加快建设海洋强国的战略部署。远洋渔业是建设海洋强国的战略支柱，中国远洋船队的全球存在是国家影响力的具体象征，也是维护国家海洋权益的有力抓手，在应对海外突发事件、支持配合国家战略、彰显负责任大国形象、深化国际合作交流等方面具有不可替代的积极作用。浙江是远洋渔业大省，立足中华民族伟大复兴"蓝色前沿"，大力发展远洋渔业，高度契合联合国"蓝色增长倡议"①，率先融入全球海洋治理体系，打造海洋责任共同体、海洋利益共同体、海洋命运共同体，具有重要时代意义。

（二）重要窗口新定位：远洋渔业是打造深蓝全产业链的战略抓手

远洋渔业产业关联度高、国际化程度高、资本集聚度高。浙江是海洋大省、渔业大省，大力发展远洋渔业，既是深化供给侧结构性改革的重要抓手，也是打造海上"重要窗口"的重要组成。以国内大循环为主体，以舟山国家远洋渔业基地为核心，加快精深加工、冷链物流、驰名品牌等全产业链发展，能够推动从"数量规模型"向"质量效益型"转变，从"资源消耗型"向"生态涵养型"转变，从"要素依赖型"向"创新驱动型"转变。

（三）稳产保供新任务：远洋渔业是建设海外蓝色粮仓的关键支撑

新冠疫情席卷全球，强化稳产保供、保障粮食安全成为重要时代命题。联合国粮食及农业组织总干事屈冬玉指出，"鱼类和渔业产品必须在各级粮食安全和营养战略中扮演中坚角色。"远洋渔业既是优质动物蛋白质持续供给的重要途径，也是满足人民日益增长的优质安全水产品需求的重要保障。浙江在渔业产品供给稳定增加同时，高端水产品进口量持续攀升，凸显渔业供给侧结构性问题。加快远洋渔业发展，建设海外"蓝色粮仓"，强化优质蛋白高效供

① 高小玲，龚玲，张效莉．全球价值链视角下我国远洋渔业国际竞争力影响因素研究［J］．海洋经济，2018（6）：27．

给，对于保证人民群众饮食健康和拓展国家粮食安全战略空间意义重大。

（四）开放合作新机遇：远洋渔业是拓展海上丝绸之路的有效路径

浙江远洋渔业的全球分布契合“海上丝绸之路”的战略方向，远洋船队规模和远洋渔业产量居全国首位，在发展能力、制度框架、合作基础与潜力空间等方面具备拓展“海上丝绸之路”的良好基础。浙江作为21世纪“海上丝绸之路”的重要地区，必须抢抓历史性机遇，充分发挥远洋渔业“海上丝绸之路”桥头堡的战略作用，大力拓展与汤加、东帝汶、基里巴斯等“海上丝绸之路”沿线国家（地区）的开放合作，布局建强境外远洋渔业基地，提高远洋渔业产品进出口规模，全面推动远洋渔业迈向现代化、产业化、国际化。

二、浙江远洋渔业发展的主要问题

（一）海洋科技创新的约束

浙江远洋渔业科技支撑和综合开发能力仍然偏低，专业化、现代化的新型渔船、新型渔具、新型渔法开发不足，在院校支撑、人才供给、综合开发等方面，与发达远洋渔业国家（地区）存在较大差距。鱿钓产业仅有北太平洋巴特柔鱼和东南太平洋茎柔鱼[①]两类资源信息掌握比较全面，渔场资源探测还有待深入。浙江远洋渔船智能化、机械化、自动化水平[②]待提高。远洋渔船主要为500总吨以下，约占渔船总数七成，约25%的远洋渔船船龄超20年，难以适应远洋渔业安全生产管理要求。

---

① 张衡，张瑛瑛，叶锦玉．中国远洋渔业发展的新思路及建议［J］．渔业信息与战略，2019（2）：32.

② 闫加雯，宋伟华．浙江省远洋发展有关问题探讨［J］．农村经济与科技，2020（21）：76.

（二）国际涉渔法规的制约

国际社会高度关注海洋资源养护与管理，《负责任渔业行为准则》《北太平洋公海渔业资源养护与管理公约》等国际渔业协定相继签署，区域渔业管理组织广泛建立。如南太平洋岛国出台“地域性注册制”，新增入渔许可、渔捞日志、报告制度、派驻观察员等条款[①]，使入渔成本更高、渔船管理更严。此外，中日、中韩、中越渔业协定的生效[②]，压缩传统作业海域、强化入渔执法监管、提高渔船作业门槛，亦使浙江省远洋渔业受到较大冲击。

（三）远洋产业结构的短板

浙江远洋渔业产业结构相对单一，大洋性渔业占比高达84.7%，其中鱿钓产量占62.9%，头足类资源随海洋环境波动剧烈，易对产业发展造成严重冲击；特别是精深加工、综合保障、市场营销等高增值下游产业发展不足，水产品贸易“大出小进”格局有待优化，“国内大循环”市场有待拓展。远洋渔业企业总体实力偏弱，龙头企业较少、普遍规模较小、短期逐利倾向较重、抵御风险能力较弱，国内市场开发还不够充分；相较之福建，浙江省海外综合性远洋渔业基地建设相对滞后。

三、“双循环”新格局下浙江远洋渔业高质量发展对策建议

坚持强链补链、创新驱动，全面贯彻新发展理念，深化渔业供给侧结构性改革，实施远洋渔业“走出去”战略，审慎处理渔场保护、渔业转型与渔区发展的辩证关系，以舟山国家远洋渔业基地为核心，做强全国远洋渔业第一市，稳定船队规模，优化作业布局，畅通国内大循环，健全双边（多边）渔业合作机制，打造全国首

---

① 高强，王本兵，杨涛．国际海洋法规对我国远洋渔业的影响与启示［J］．中国渔业经济，2008（6）：82.

② 董加伟．论中韩、中日渔业协定框架下的传统捕鱼权保障［J］．东北亚论坛，2014（4）：41.

位、辐射亚太、国际一流的远洋渔业全产业链强省。

（一）聚焦提质增效，加强公共服务

一是深入推进资源探捕。加强渔业资源调查，重点掌握渔业合作国（地区）周边海域情况，动态掌握目标海域（鱼种）的资源现状、开发潜力及中心渔场形成机理，研判高效适配的渔具渔法，探寻可规模化开发的新渔场和后备渔场，扩大浙江金枪鱼、秋刀鱼等中上层、深海鱼类资源份额。

二是全力优化口岸服务。推动舟山国家远洋渔业基地核心区纳入浙江自贸试验区，提升远洋船舶进出港、渔需物资出入境、自捕远洋水产品进关等通关便利化水平。争取鱿钓机、水下灯等远洋渔船关键设备免税进关安装。

三是统筹健全法治保障。加快推进渔业法修订进程，研究出台《浙江省远洋渔业管理规定》，健全与国际规则相适应的远洋渔业管理制度，完善远洋渔业政策体系。

（二）聚焦强链补链，推动产业跃升

一是着力促进核心产业集群发展。以舟山国家远洋渔业基地为核心，建强现代化远洋渔业捕捞生产基地、远洋水产品加工贸易基地、远洋渔业特色小镇，形成浙江远洋水产大宗商品价格指数，联动宁波、台州远洋渔业发展，打造全国远洋渔业全产业链发展集聚区。推动鱿鱼、金枪鱼、南极磷虾等综合利用，培育远洋渔业名牌，打造集远洋捕捞、冷链物流、精深加工、市场销售等于一体的全产业链领军企业。

二是着力加快境外综合基地建设。重点加强与“一带一路”沿线国家、葡语系国家、太平洋岛国、印度洋及南美洲沿海国家（地区）的渔业合作，拓展新入渔国。支持省市政府部门、旗舰远洋企业在远洋渔船修理检验、物资供应补给和渔货人员中转的主要港口设立办事处，谋划推进基里巴斯、秘鲁等过洋性海外保障基地建设，推进海外作业基地、海外加工基地、海外市场基地及海外综合性服务保障基地建设。

三是着力强化远洋渔业招商选资。围绕产业链开展精准招商，大力引进一批全球远洋渔业、上下游行业旗舰企业，争取落户远洋水产品精深加工项目、高端远洋水产品贸易项目等，加速优质企业和高端项目集群集聚。强化远洋渔业招商选资项目研判，精准测算项目在产业集聚、就业促进等方面的综合效益，促进浙江籍远洋渔业企业回归。

（三）聚焦科技引领，夯实创新支撑

一是加快科技创新攻关。支持海内外实力雄厚的远洋渔业科研机构落户浙江，建立长三角远洋渔业科技创新联盟，打造“政产学研”合作平台。加大对金枪鱼围网渔船、大型远洋鱿钓船、专业南极磷虾船的科研攻关力度，加强对金枪鱼渔场扫描电浮标、深水拖网绞机、渔用360°扫描声呐、光电诱集、冷链保鲜工艺[①]等新型高效船用设备和渔获物高值化开发利用的研究，健全远洋水产品质量可追溯体系。

二是加速渔船更新改造。深入实施“互联网＋远洋渔业”“智慧远洋渔船”工程，争取国家政策支持，推动浙江远洋渔船（船用装备）更新改造。加快20年以上船龄老旧远洋渔船的更新建造，推动新建远洋渔船符合欧盟卫生注册及MSC等国际标准。鼓励引进具有捕捞配额的大型金枪鱼围网渔船、超低温延绳钓渔船和建造专业南极磷虾船。

三是加大远洋人才培育。健全远洋渔业人才培引、激励机制与管理模式，支持远洋渔业企业与上海海洋大学、浙江海洋大学等涉海高校院校建立战略合作，创新“订单式”专业人才培育路径。加强特殊岗位专业技能培训，深化全球海上遇险和安全系统（GMDSS）训练、远洋渔船修造、国际渔业管理动态、高效生态远

① 中国农村技术开发中心．远洋渔业新资源与捕捞新技术［J］．中国农业科学技术出版社，2017：46-158.

洋捕捞等方面的教育。深化舟山国际远洋渔业船员供应中心建设，拓展国际化劳动力供应渠道。

四是加强综合制度供给。加大财政扶持，综合运用直接补助、贷款贴息、风险补偿等手段，支持国家远洋渔业基地建设、远洋渔业全产业链发展、渔场资源探捕。设立远洋渔业发展风险基金，健全绩效目标管理、绩效评价等配套机制。设立海洋产业基金，吸纳金融资本、社会资本投入远洋渔业领域。引导金融机构开发特色信贷产品，研究远洋捕捞、水产加工、冷链物流[①]等融资方案。

① 牟盛辰．东海传统渔区振兴的现实问题与对策研究——以椒江大陈、温岭石塘、玉环坎门为例［J］．中国水产，2020（8）：43.

大食物观统筹台州渔业稳产保供

卢昌彩
台州市港航口岸和渔业管理局

江河湖海是耕地空间拓展的战略资源，现代渔业是食物稳产保供的重要产业，水产品是提升生活品质的重要食材，在大食物观中的地位作用十分重要。用大食物观统筹台州渔业稳产保供，重点要盘活渔业政策、落实科技支撑、加强资源管护，向江河湖海要食物、向设施渔业要食物、向管理改革要食物，为保障粮食安全提供更多纵深选择和有益补充，为充实“米袋子”、丰富“菜篮子”作出应有贡献。

粮食安全，国之大者。悠悠万事，吃饭为大。在2022年全国两会期间，习近平在看望参加政协会议的农业界、社会福利和社会保障界委员，并参加联组会时强调，要树立大食物观，从更好满足人民美好生活需要出发，掌握人民群众食物结构变化趋势，在确保粮食供给的同时，保障肉类、蔬菜、水果、水产品等各类食物有效供给。树立大食物观，充分体现了习近平总书记对世情、国情的深入分析，对人民群众食物结构变化趋势的深刻洞察，对人民群众美好生活需要的深情厚爱，以“粮食安全”为锚推动中国巨轮行稳致远具有很强的战略性、科学性和针对性，为发展现代渔业、稳产保供迎来了机遇、拓宽了思路。

一、渔业在大食物观中的地位作用

“大食物观”相对于过去的“粮食观”，是指人们日常摄食的营养品都是食物，其特点是实现品种的多样性、来源的广泛性、布局的匹配性、供求的平衡性，本质是农业可持续发展、生态保护和农业现代化均衡发展，路径是推进农业供给侧结构性改革，目的是提高食物供给质量和效率，实现各类食物供求平衡，更好地满足人民群众对美好生活的需要，折射出以人民为中心的发展思想和高质量发展的内涵。“大食物观”是习近平“三农”重要论述的丰富发展，是“绿水青山就是金山银山”“长江大保护”等新时代生态文明思想的深化延续，也是解决我国14亿中国人餐桌问题的根本出路，我们必须准确把握“大食物观”历史背景和理论内涵，深刻认识台州渔业在大食物观中的地位作用。

（一）江河湖海是耕地空间拓展的战略资源

台州是浙江“七山一水两分田”的缩影，人均耕地远远低于联合国粮食及农业组织确定的0.8亩警戒线，每年要从省外调进粮食近100万吨。台州又是渔业大市，西北部内陆小型塘库星罗棋布，东南平原河港纵横交错，陆域总水面46.75万亩，其中可养鱼水面21.37万亩，可增殖鱼、虾、蟹、蚌水面8.65万亩；沿岸和近海拥有全国著名的大陈渔场、猫头渔场、披山渔场，外海渔场包括舟山渔场和温台渔场一部分，可利用经济价值较高的鱼类和甲壳类各30余种，盛产带鱼、小黄鱼等数十种经济鱼类及对虾、梭子蟹和大量的贝壳类海产品。潮间带宜养滩涂超4.9万公顷，“两湾一岛”（三门湾、乐清湾、大陈岛）是全省最佳的海水养殖场所，是弥补耕地资源短缺、“藏粮于水”的不二选择。

（二）现代渔业是食物稳产保供的重要产业

渔业是人类利用水域中生物的物质转化功能，通过捕捞、养殖和加工，以取得水产品的社会产业部门，其与种植业、畜牧业、林业生物学特征比较，具有节地型、节水型、节能型、节粮型和增殖型“四节一增”的特点。曾经以《谁来养活中国》一书名噪一时的美国人莱斯特·布朗也承认，中国淡水渔业提供的优质蛋白食物是中国对世界的贡献。2021 年，台州水产品总产量 145.19 万吨，其中国内海洋捕捞产量 80.77 万吨，远洋渔业产量 5.76 万吨，海水养殖产量 52.72 万吨，淡水渔业产量 5.95 万吨，为保障粮食安全提供更多纵深选择和有益补充，为充实“米袋子”、丰富“菜篮子”作出了应有贡献。

（三）水产品是提升生活品质的重要食材

恩格尔系数常被看成衡量人民生活水平的“刻度尺”，我国居民恩格尔系数为 29.8%，已达到联合国划分的 20%～30%的富足标准。水产品是“优质粮食”，是蛋白质、无机盐和维生素的良好来源，具有高蛋白、低脂肪的特点。水产品蛋白质的利用率高达 85%～90%，易于被人体消化吸收，且产生热量较高，对其他食物具有显著的替代性。台州沿海人民群众对海鲜饮食特别青睐，“无鲜不成席”，东海大小黄鱼、带鱼、墨鱼、鲳等捕捞海鲜和台州缢蛏、三门青蟹、大陈黄鱼、临海南美白对虾等养殖海鲜成为餐桌上的主打食材。松门白鲞传统加工技艺入选省级非遗项目，“海鲜菜”成为台州三类菜肴之一，在 36 道台州“百县千碗”菜品中有 16 道“海味”入选，占比 44.44%。海鲜消费有效改善了人民群众的饮食结构和营养结构，更好满足人民群众日益多元化的食物消费需求。

二、用大食物观统筹渔业稳产保供

要以习近平总书记关于大食物观的重要论述为指导，从更好满足人民美好生活需要出发，顺应人民群众食物结构变化趋势，加快渔业供给侧结构性改革，提高渔业供给体系质量和效率，使水产品供给数量更充足、结构更合理、品种和质量更契合消费者需要，更好提升人民群众舌尖上的幸福感安全感。

（一）向江河湖海要食物

坚持把可持续发展放在首位，建立可持续捕捞业和远洋渔业，推进水产养殖业绿色健康发展，确保渔业稳产保供。一是优化调整近海捕捞。一方面，继续推进减船转产，严控海洋捕捞强度，实施海洋渔业资源总量管理，确保近海捕捞总量不得高于2020年实际捕捞产量；另一方面，实施海洋渔船及装备设施更新改造，推进“机器换人”，鼓励发展资源节约型环境友好型捕捞方式，优化捕捞作业结构，实施重要经济鱼类最小可捕标准及幼鱼比例管理，向市场提供合法合规的捕捞水产品。二是巩固发展远洋渔业。深度对接“一带一路”，统筹利用两种资源，坚持“优化结构、健全体制、扩大规模、特色发展”的思路，巩固提升印度洋公海渔业和缅甸、文莱过洋性渔业，大力推动水产养殖“走出去”，鼓励市外远洋渔业企业迁入，建设浙南远洋渔业综合服务基地，引导远洋企业逐步提高自捕鱼运回比例，提升获取全球渔业资源份额。三是稳定保护养殖面积。宜渔水域是养殖生产的“命根子”。落实“菜篮子”市长负责制，贯彻养殖水域滩涂规划和养殖证制度，通过数字化改革手段，编制产业数字地图，稳定和保护现有水产养殖业发展空间，重点拓展大陈岛、玉环鸡山岛链深远海养殖，大力发展“碳汇渔业”、生态渔业，推进渔业转型促治水行动，推广稻渔综合种养、浅海贝藻等生态养殖模式，实现水产养殖“碳中和”，优化调整养殖生产力布局，确保水产养殖足够产能和稳产保供。四是推进海洋牧场建设。借鉴国内外建设做法和经验，分析泥沙沉积、海洋水文等，深化开展含沙量高海域的礁型设计和摆放模式研究，加快推进大陈岛、东矶岛、中鹿岛、“积洛三牛”等现代化海洋牧场建设，加大增殖放流力度，加快恢复地方重要经济水产种群，改善水产资源种群结构和质量，积极修复振兴“海上粮仓”。

（二）向设施渔业要食物

采取自主研发和技术引进相结合的方式，重点攻克苗种繁育、提升硬件设施、养成技术等，持续实施水产绿色健康养殖“五大行动”，深入推进绿色养殖扩面提质，提高渔业综合生产能力和集约化水平。一是加快围塘标准化改造。按照集中连片、围塘规整、深度适宜、灌排配套、设施先进、生态优美的要求，大力实施围塘标准化改造和尾水达标治理，全面提升围塘养殖基础设施和装备现代化水平，优化生态循环综合混养模式，促进养殖尾水资源化治理或达标排放，创建一批国家级、省级水产健康养殖示范场、示范县，实现增收环保双赢。二是推进水产养殖工厂化。推进节能新型大棚、陆基小池设施化精养，大力推广临海南美白对虾“伞式钢索保温棚”养殖技术，重点突破工厂化养殖水处理技术，研究推广高密度鱼类、虾类、贝类健康养殖技术工艺和管理模式，推进物联网＋信息化技术装备和5G技术在渔业生产领域的应用，改进提升工厂化养殖监控水平，促进陆基工厂化循环水养殖等技术集约型、资源节约型设施养殖发展。三是拓宽深远海养殖区域。推进海水养殖网箱环保新材料绿色改造，巩固发展离岸深水网箱、浅海围网等，抓实大陈岛深远海智能养殖、中鹿岛深海牧渔等重大项目，探索超大型渔业养殖平台和超级养殖渔场建设，研发推广数字渔业新装备新设施，推动水产养殖“机器换人”，实现饲料投喂、水下监测、活鱼起捕、网衣清洗、废物收集处理等自动化，建设“数字养殖渔场”，推进海水养殖向深远海发展。

（三）向管理改革要食物

坚持把管理改革放到突出位置，深化渔业综合管理改革，向管理要生产力、向管理要水产品。一是完善渔业经营体制机制。按照市场化方式创新渔业生产组织形式和经营方式，大力培育渔业龙头企业、养殖大户、家庭渔场、渔业专业合作社等，积极培育壮大多元市场主体，通过发展订单养殖、生产托管等社会化服务，健全利益联结和分享、风险防范机制，更好发挥服务分散养殖户、对接大市场的纽带作用，促进产业素质和管理效率提高。二是深化限额捕捞试点。总结浙北渔场梭子蟹限额捕捞试点经验，开展玉环全域限额捕捞管理试点工作，推动构建“渔船投入和与渔获物产出双向控制”制度框架。深化“港长制”改革，完善渔港基础设施，提升渔港定点靠泊、渔民定点管理、渔获物定港上岸等综合保障能力，倒逼推动渔获物从量的增长向量质并举转变，提升捕捞渔获物保供水平。三是加快冷链物流体系建设。水产品不同于其他农产品，冷链物流体系建设与渔业生产同等重要，加强产地仓储保鲜和集配设施设备建设，完善冷却、冷储、冷运、冷销的水产品全程冷链体系，减少水产品在市场流通中的损失，提升水产品供给质量。

三、推进渔业稳产保供的政策措施

“五谷者，万民之命，国之重宝”，没有比端牢“中国饭碗”更重要的事情。要提出政治站位，树立大食物观，充分理解和把握渔业稳产保供的重要意义，抓好顶层设计，深入研究渔业稳产保供的政策措施。

（一）盘活渔业政策

完善现代渔业建设相关政策，重点在财政金融、土地利用、科技创新等方面发力，统筹用好国家渔业发展支持政策，重点推进“百船示范”、减船补助和渔船更新改造、水产养殖绿色发展、水产品加工流通、渔业资源养护等。发挥财政投入引领作用，撬动金融资本、社会力量参与渔业高质量发展和现代化建设。

（二）落实科技支撑

适应渔业稳产保供的新任务，开展三门湾、乐清湾等重点渔业水域水产种质资源普查搜集行动，建立水产种质资源库和原良种，引进开发苗种繁育技术和产品，全力推进水产养殖种源“卡脖子”技术攻关，做强水产养殖发展“芯片”。组装配套和推广成套的清洁生产、资源循环利用等实用技术，积极研究和推广主导产业发展的生态高效养殖模式，培育一批技术水平高、善于经营、精于管理、勇于创业的设施渔业实用人才带头人，提升渔业科技在稳产保供中的贡献率。

（三）加强资源管护

坚持生态优先战略，划定海洋生态红线，严格执行生态环境功能区划，探索建立陆源污染物入海总量控制制度。强化渔政执法与刑事司法、治安处罚的衔接机制，加强海洋伏季休渔管理，持续开展“一打三整治”专项行动，坚决打好涉渔“三无”船舶和“绝户网”清理取缔攻坚战，保护东海渔场“三场一通道”，提升水生野生动物保护水平，保护好渔业稳产保供的资源生态。

浅谈新形势下瓦埠湖水域渔业资源的开发保护与利用

黄兴海
寿县农业农村局

安徽寿县自古就有“金正阳，银瓦埠”之说，正阳关镇素有“七十二水归正阳”名号，是千年古镇，具有河道纵横、渔业资源富饶、水运发达、商旅络绎不绝的特点。瓦埠镇坐拥瓦埠湖，当地特色瓦埠三鲜“银鱼、毛鱼（刀鲚）和瓦虾”声名远播。这是千百年来江河湖海给予我们的馈赠，过去，为了生活，我们曾对江河湖海进行过掠夺式开发，今天，随着物质的丰富，环境保护意识的增强，“共抓大保护，不搞大开发”成为我们的共识。当前，生态文明建设已成为举国战略，渔业发展面临环境制约和品质效益提升双重挑战，瓦埠湖在新形势下也面临着机遇与挑战。瓦埠湖专业渔民1 100户，有3 100多人，副业渔民1 800多人，捕捞渔船300多只，渔民想生活，仅靠瓦埠湖的“鱼”是不现实的，发展经济，改善民生是当务之急。发展绿色湖区渔业是可以做出的最终选择，以瓦埠湖为中心，以引江济淮工程为契机，辐射周边18个乡镇，200个村，大力发展设施渔业、生态渔业、休闲渔业，优化产业结构，加快形成现代渔业产业体系，促进一二三产业融合发展。经过多年努力，截至2021年底，湖区水产品总产量达92 876吨，实现渔业经济总产值221 258万元，其中一产产值167 266万元，二、三产业总产值53 992万元。

一、瓦埠湖概况

瓦埠湖是安徽境内淮河流域最大的湖泊，属于安徽省五大淡水湖之一，同时也是周边居民生活的饮用水源地，与巢湖构成“引江济淮”输水干线的两个重要水体。瓦埠湖南通大别山水源，承接江淮分水岭以北的来水，下游与淮河相连。流域面积 40.96 万公顷，南北长 60 千米，水面最宽处 6 千米，正常水位 18 米，蓄水面积 156 万公顷。瓦埠湖系沿淮冲积平原低洼积水而成，属河迹洼地型湖泊。

二、瓦埠湖湖区渔业资源保护

（一）实行净水养殖

参考瓦埠湖水域状况、水文气候条件和水域环境指标，利用水生生物资源（浮游植物、浮游动物、水草和底栖动物等）现存量，考虑到水生植物、湿生植物、有机质等天然饵料对鱼产力贡献，目前，寿县瓦埠湖水域的所有围栏网已拆除，严格按照生活饮用水水源进行保护，以自然增殖为主，每年放流净化水质的滤食性鱼类——鲢、鳙苗种 60 万～80 万尾，搭配青鱼、草鱼苗种 5 万尾。这样，湖区年投放鱼苗数量较以前实行围栏网养殖大幅减少，但成鱼品质得到提高，产出高附加值的有机食品，实现了湖区渔业资源的增值与保护和水域生态环境友好发展。

（二）严格控制捕捞强度

瓦埠湖湖区捕捞机动渔船总数由 2017 年的 299 艘减到 2022 年的 204 艘，功率总数也控制在省、市核定的“双控”指标内，通过控制捕捞投入量，即对入渔船数、渔具数量、捕捞范围、捕捞时间和捕捞种类进行控制，降低捕捞强度；通过规定禁渔期、禁渔区和种质资源保护区，养护渔业资源；通过限制网目大小来控制调整开捕年龄。严格把捕捞资源量控制在渔业总允许渔获量（TAC）的 60％以内。

（三）科学规划功能区

规划3万亩贝类增殖区（葛岗滩、秦郢一线）、1.3万亩鱼类产卵区2个（荻柴场产卵区、萝岗产卵区）、4万亩银鱼保护区1个、5万亩刀鲚保护区（南湖片）、0.2万亩渔港区，以确保水产种质资源得到有效保护。

三、瓦埠湖滩涂特色养殖

在科学评价瓦埠湖水域滩涂资源禀赋和环境承载力的基础上，划定各类滩涂养殖功能区，合理布局水产养殖生产，稳定基本养殖水域，保护水域生态环境，确保有效供给安全、环境生态安全和产品质量安全。

（一）陡涧河湿地生态养殖系统

陡涧河是瓦埠湖的三条支流之一，陡涧河低洼地建成人工湿地、稳定塘和表面流湿地，湿地种植芦苇、花叶芦荻、千屈菜等植物，稳定塘、湿地为鱼、虾、蟹提供优良的栖息环境，实行湿地生态养殖，实行湖区湿地渔业“四个五”模式，即亩产5千克蟹＋5千克虾＋50千克名优鱼类＋50千克鲢鳙。

（二）东淝河生态养殖区

东淝河是瓦埠湖下游河道，沿岸多低洼地，水来成沼泽，水去变荒地。近几年，经过改造，建成人工湿地缓冲区、稳定塘养殖区、低坝高拦生态养殖区。通过实行分片治理，梯式开发，围栏精养，科技兴渔，实现名特优水产品品牌战略。目前，东淝河3.6万亩名特品种精养区，平均亩产过千斤，总产已达1.83万吨。

（三）东大圩赏荷湿地公园

东大圩位于瓦埠湖西岸，是一大片湿地，当地政府因地制宜，精心打造成万亩百荷园，建成环湖水道，采摘园，荷塘垂钓区和荷花文化馆。通过瓦埠湖荷花主题公园建立，在发展旅游的同时，也提升了瓦埠湖渔业文化的内涵。

四、瓦埠湖周边稻渔综合养殖区

瓦埠湖沿湖周边18个乡镇以引江济淮工程为契机，利用抽灌电站、涵闸等各类排灌工程，修渠引水，实现牛蛙、珍珠养殖等特色养殖5 200亩，打造稻渔综合种养基地12 200公顷，发展休闲渔业6处，观光渔业2处。引江济淮工程中建成的瓦埠湖大桥，已成为瓦埠湖上一道亮丽的风景线，也为沿湖乡镇渔业流通和服务业带来了机遇，大桥开通前，瓦埠湖鲜银鱼80元/千克，通车后飙升到120元/千克，鱼市行情渐长，渔业收入增加，渔业冷冻、仓储得到迅猛发展。

通过对湖洼地低产田，大力发展“稻虾”工程，四周开沟，中间种稻，水沟面积控制在10%以内，稻虾共生，寿县胜军湖水产养殖专业合作社连续多年都取得了稻亩产600千克，龙虾亩产130千克以上的成绩，得到省内外多家农科院所的关注。该合作社负责人倪保军也是瓦埠湖标准的第三代渔民，通过转产转业，渔民变老板，企业实现养殖、种植、加工、仓储一条龙，带队周边群众集体致富。

据安徽沿江地区稻渔综合种养模式下平均投入强度和生产水平，沿湖宜渔稻田养殖虾、鳅等特色水产品的鱼产力约2 250千克/公顷，沿湖宜渔稻田渔业总承载力将高达2 700万千克。

在我国实行“十年禁渔”的背景下，在严守生态保护红线、环境质量底线、资源利用上线的形势下，过去渔业发展靠掠夺资源、粗放式增长的模式绝对不能再有、也绝对不允许再有。要把握好自然资源开发利用的度，不要突破自然资源承载能力。新形势下，我们对瓦埠湖的开发利用是以环境友好为前提，保护传统渔区，开发沿岸湿地，辐射周边乡镇，以渔养水，以水促渔，减量增收，提质增效，走出一条生态优先，绿色发展之路。我们要树立“大食物观”，保护好江河湖海，江河湖海也会毫不吝啬地馈赠给人类更多优质生态水产品，不断满足人民日益增长的优美生态环境需要。

践行两山理念　落实大食物观推进庐山西海生态渔业高质量发展

傅雪军

江西省水生生物保护救助中心

庐山西海，原名柘林水库，位于江西省九江市境内，是江西省第一大淡水人工湖泊，为1958年修建修河所形成，流经武宁、永修两县，其中武宁境内34万亩，永修境内12万亩。湖内岛屿众多，面积3亩以上的岛屿有1 667个。20世纪90年代由于产业政策等原因，政府鼓励发展网箱与库湾养殖，至2008年庐山西海（武宁辖区）网箱达2.5万箱，土、网拦库湾345座。无序的发展污染了水质、阻碍了航道、影响了旅游，水体呈现富营养化，治理已刻不容缓。

近年来，庐山西海积极响应生态文明建设，践行“两山”理论，落实大食物观，实施整治违规、严格管护、科学开发“三部曲”，水质常年保持在Ⅰ类，水中棍子鱼、桃花水母等水生生物资源逐年递增。坚持“保水渔业”的理念，坚定“以渔净水、以水牧鱼”的思路，坚守“三不投”和“三保证”的原则，即不投饵、不投肥、不投药，水质保证、品质保证、产量保证，大力推进生态渔业发展。2021年，销售有机生态鲢鳙165万千克、收入3 630万元、净利润1 210万元，在保持产量稳定的前提下，收入和利润同比分别增加30%、4.7倍，打造了被农业农村部认证为“全国名特优新农产品”的“西海博鱼”品牌。落实庐山西海鳡鱼种质资源保护区全面禁捕，投入80余人管理，安置130多名退捕渔民就业。庐山西海生态、社会和经济效益持续向好，擦亮了绿色生态是江西最大财富、最大优势、最大品牌的“金字招牌”。

一、主要经验做法

庐山西海坚持“绿水青山就是金山银山”的发展理念，分步实施整治违规、严格管护、科学开发“三部曲”，保护水域生态环境，科学发展增殖渔业，恢复水生生物多样性。

（一）整治违法养殖，还一湖清水

20 世纪 90 年代以来，庐山西海湖区发展网箱与库湾养殖，各种藻类不断繁殖，局部水域出现富营养化，有些地方水体在 6—9 月份还产生异味。对此，政府采取了一系列措施。一是拆除网箱。自 2008 年开始，当地政府下决心花大力气开展网箱养殖专项清理工作，历时 3 年，将 2.5 万个网箱全部清理到位。二是清理库湾。由于一些库湾大量投饵、投肥养殖，污染了水质，2011 年，当地政府又专门成立库湾清理工作领导小组，由主要部门牵头，相关部门参与，按照谁主管、谁负责、属地管理的原则，加强督查和跟踪问责，确保了 345 座库湾全部清理到位。三是强化整治。巩固网箱、库湾清理成果的同时，持续开展渔业专项治理，实行春季禁渔，严禁电鱼、炸鱼，严禁用药钓鱼，严禁用粪肥、化肥养鱼，推行大水面清水养殖。经过一系列清理整治工作，庐山西海水质出现明显好转。

（二）突出规划引领，保一湖绿水

保护庐山西海水质，突出规划引领。一是对接总体规划。立足水面资源特点，将庐山西海生态渔业作为主导产业和主攻方向纳入江西渔业“十三五”“十四五”发展总体规划，打造绿色生产型、生态净水型、旅游观光型等多种发展模式，着力构建大水面生态渔业产业群。二是注重功能区划。严格执行养殖证制度，完成了庐山西海禁养区、限养区和养殖区空间区划，按照生态优先原则，科学构建渔业生产布局、增殖规模与水环境承载力相匹配，促进鲢鳙增殖渔业可持续发展。三是编制发展规划。邀请专业团队对庐山西海水体保护进行研究论证，编制了《庐山西海（武宁辖区）生态渔业发展规划（2013—2020）》，明确发展模式、方向和目标，制定和落实了具体发展和管护措施，重点投放鲢鳙类摄取水中浮游生物，带走碳、氮、磷，以达到净化水质与实现碳汇渔业的目的。

（三）创新经营机制，富一湖秀水

为保证规划实施，2012 年，当地政府成立了国有独资企业——江西山水武宁渔业发展有限公司，取得 33 万亩水域滩涂养殖证书。2015 年，江西省水投生态资源开发有限公司出资 1.304 亿元购买了 33 万亩水域的 30 年养殖经营权，实施"以渔净水、以水牧鱼"的生态渔业模式。并采取入股、就业和渔船网具收购等方式安置退捕渔民，率先落实全面禁捕政策。一是入股分红。以现有渔民为基数，每人缴纳股金 1 万元，或采取用工资抵扣入股，合计占公司 8%股份，以公司实际经营状况按股共负盈亏。二是保障就业。吸收有就业意向的渔民到公司就业，并按照野杂鱼捕捞实行渔民与公司 3∶7 分成，增加渔民收入。除自然转产转业 100 人外，已安置 383 名渔民就业，每人每月领取 3 000 元工资，保障了渔民生计。三是收购船网。依据自愿与合法评估的原则，渔业公司累计投入 1200 万元补偿资金，完成庐山西海退捕渔民渔船网具收购，保障了渔民合法权益。四是加大增殖。庐山西海持续加大鲢鳙增殖放流力度，每年投放 0.15～0.25 千克/尾的鲢鳙鱼种 25 万千克、0.25～0.5 千克/尾的鳙 15 万千克，稳定实现增殖 1.5～3 千克/尾的鲢鳙精品鱼 65 万千克目标，促进了大水面生态渔业的开发，同时改建 300 平方米的活鱼粗加工冷冻库，实现线下鲜活销售和线上冷冻品销售相辅相成。

二、取得的成效

（一）水域生态环境日益美化

2016 年以前，庐山西海每年增殖放流鲢鳙鱼种约 2 万千克。实施大水面生态渔业后，根据每年调查的浮游生物量和渔获物情况，每年投放 30 万千克不同规格的鲢鳙鱼种，增加 15 倍，实现了科学足额投放。2018 年，江西县界断面水质类别通报中，庐山西海水域被全省评为唯一Ⅰ类水质的水域。近几年，生态环境部地表水质月报多次显示，庐山西海断面水质在全国 51 个重要湖泊中位于第 2 名，仅次于云南的泸沽湖，素有“水中大熊猫”之称的桃花水母等生物资源逐年递增，生物多样性得到有效恢复。

（二）退捕渔民权益日益实化

2016 年，政府对庐山西海统一养护利用，渔民不理解不支持，社会矛盾激化。2019 年矛盾达到高潮，但相关单位积极应对，召开新闻发布会，正面宣传，主动接受社会监督，舆论舆情正能量得到提升。2020 年，国家禁捕退捕政策出台后，江西山水武宁渔业发展有限公司积极履行社会责任和国企担当，为退捕渔民购买了养老保险并进行了培训就业等安置，全员 162 名员工中有 130 多名为退捕渔民，还安置了 9 名建卡贫困户就业。其余 200 余名退捕渔民全部进入公司候补职工数据库，根据企业发展需求与岗位空余，择优补录聘用，解决了部分渔民就业问题，促进了社会和谐稳定。

（三）西海博鱼品牌日益亮化

庐山西海创新性推出产量稳定、规格稳定、质量稳定的商业模式，严格把控产品质量，集中打造精品鱼品牌，完成了“水牧渔业”“西海博鱼”“个山养珍”商标注册，通过了鳙、草鱼、鳜等 11 个品种有机食品转换认证，并与深圳优集生态投资发展有限公司合作，打造高端生态食品“O2O”产销服务平台，价格比同类产品高一倍以上。且以“个山”为主题，挖掘渔业文化，探索“渔业、文化、旅游”相结合的全产业链模式，发展休闲渔业，成为全国精品休闲渔业示范基地。2021 年，“西海鳙鱼”获得农业农村部公布的全国名特优新农产品名录“金字招牌”，产品价格由原来大宗销售的 12 元/千克逐步提高到 24～26 元/千克，价值翻番。

三、面临的形势

在当前渔业绿色高质量发展与禁捕退捕大背景大要求下，庐山西海生态渔业发展遇到了一些困境，也是江西大水面生态渔业发展的瓶颈。

（一）发展空间受限

一方面，不少地方对湖库增殖渔业进行了简单的"一刀切"，不管水库大小，甚至一些小山塘直接退养。另一方面，部分位于水产种质资源保护区的大水面因禁捕退捕，面临只能放养不能捕捞的尴尬局面，如：武宁庐山西海禁捕水域面积约25万亩，每年减少鳙产量300余万千克。

（二）资源底数不清

江西对全省29个水产种质资源保护区开展了渔业资源和生产能力的监测调查，但调查频次、调查方法以及调查数据离科学评估大水面渔业生态容量还存在一定差距。其他大水面的渔业资源和生产能力调查较少且不持续，大水面生态渔业的模式、产能、利用等方面缺乏数据支撑。

（三）经营动力不足

一方面，大水面在养殖水域滩涂规划中大都被划为限养区，让生产经营主体放不开手脚进行投资和经营。另一方面，大部分大水面分散经营，相应的产品品牌创建和宣传各自为阵，几乎是一个湖就一个牌子，没有形成知名品牌效应，无法实现大水面水产品优质优价。

四、发展对策建议

面对新形势新要求，如何转型升级大水面生态渔业、合理利用水域资源、科学评估生态容量、纾困解难禁捕湖库增殖捕捞已成为当务之急，亟须根据大水面的生态系统健康和渔业发展需要，以生态保护和资源养护为前提，建立保水净水生态渔业模式，构建湖库禁捕区域增殖渔业管理机制，以期实现提升水生生物多样性和提高水域生态产品价值的“双提”目标。

一是鼓励试点先行。对因禁捕退捕受影响的水产种质资源保护区，采取调整保护区功能区划、实施特许捕捞等方式，对已具备试点条件的庐山西海等水产种质资源保护区给予政策放活。

二是评估生态容量。科学开展大水面渔业生态容量评估工作，评价水域环境承载力与渔业碳汇功能，合理确定放养品种、数量、比例，形成大水面生态容量技术规范，为科学合理捕捞提供数据及理论支撑。

三是限额捕捞生产。紧紧围绕“作业时间、作业区域、作业类型、准用渔具渔法，以及准许回捕的品种、规格和数量规模”等方面进行探索研究，建立健全捕捞生产限额预警管理制度，并形成制度性经验，不断提升“自然鱼”产能。

四是打造生态品牌。集约整合江西大水面资源，坚持挖掘特色旅游、开发特色餐饮、推广特色活动、组织特色赛事、弘扬特色文化一体推进，打造大水面生态有机鱼品牌，加大品牌宣传推介力度，定期举办垂钓、旅游、品鉴、捕捞、渔文化等渔事节庆活动，实现休闲、文旅与生态渔业有机融合发展，增强渔业发展活力，做大、做强、做响庐山西海生态有机鱼品牌。

放鱼养水建粮仓

涂　忠　董天威　胡新艳
山东省渔业发展和资源养护总站

近年来，山东省认真贯彻落实习近平总书记关于大食物观的重要指示精神，深入实施“海上粮仓”发展战略，大力开展增殖放流活动，向江河湖海要食物，闯出了一条“鱼水互涵 养用并举”的增殖业可持续发展道路，增殖规模效益、管理模式及技术水平全国领先，首创的标准化、增殖站、云放鱼、大放流等山东理念被纳入全国“十四五”增殖放流工作指导意见，为全国水生生物资源养护事业高质量发展和国家粮食安全贡献了山东力量。截至目前，全省累计公益性增殖放流各类水生生物苗种 1 046 亿单位，秋汛回捕产量 76 万吨，实现产值 238 亿元；年度群众性底播增殖 1 500 亿粒(头)，回捕产量 45 万吨，实现产值 210 亿元。

一、聚焦发展战略化，系统谋划计长远

增殖放流事业高质量发展关键在谋，战略为要。一是敢为人先梯度推。耕海万顷，更要养海万年。为修复日益衰退的渔业资源，早在 1984 年，山东就率先开展了中国对虾生产性增殖放流活动，拉开了全国规模化增殖放流的序幕。增殖放流投资少、见效快、效益高，深受近海捕捞渔民欢迎。为促进渔民持续增收，2005 年启动实施“渔业资源修复行动计划”，在全国率先对渔业资源进行全方位、立体式、系统性修复。因成效显著，2006 年省委省政府将其确定为“为全省农民办的十件实事之一”。2014 年，省政府统筹粮食安全与

现代渔业发展，创新启动“海上粮仓”建设，将增殖放流纳入重点工程，明确提出“做大渔业增殖业”，吹响了向海洋要粮食的冲锋号。二是顺势而为高位推。2018 年 6 月，习近平总书记在山东考察工作时就海洋牧场建设作出重要指示：“海洋牧场是发展趋势，山东可以搞试点”。为深入落实总书记重要指示精神，山东在全国率先启动现代化海洋牧场建设综合试点工作，开启了新时代增殖放流高质量发展的新征程。三是三位一体协同推。2022 年，印发全国首个省级放流规划——《山东省“十四五”水生生物增殖放流发展规划》，科学筛选近海捕捞渔民增收型、海洋牧场休闲海钓产业促进型、水生生物种群修复型、生物生态净水型、濒危物种拯救型、增殖试验储备型等 6 大类型 28 个放流物种，统筹规划公益性增殖放流、群众性底播增殖和社会性放流放生等三大类型，进一步拓展了增殖业高质量发展空间。

二、聚焦管理规范化，建章立制夯基础

增殖放流是一项整体性、系统性、协同性非常强，专业性、技术性、时令性要求非常高的生物工程，只有规范管理、标准操作、科学实施，才能做细做实、做大做强。一是强化制度供给。先后印发《全省海洋水产资源增殖工作规范》等 10 余个规范性文件，出台全国首个增殖政府规章《山东省渔业养殖与增殖管理办法》，建立了检验检疫、安全管控、效果评价、监督制约等科学监管机制。在全国率先开展省级养护条例立法，推动国家加快出台水生生物资源养护法。二是强化标准实施。坚持向标准要效益，在全国率先推行标准化放流，编制全国首个增殖行业标准《水生生物增殖放流技术规程》，累计制定相关行业标准 8 项、地方标准 19 项，是国内制定增殖放流标准最早、最多、最富成效的省份，为全国增殖放流标准化体系建设作出了积极贡献。三是强化资金筹措。目前，已初步建立了以各级财政投入、油补资金为主，生态补偿、社会捐助、爱心认购等为重要补充的多元化资金投入机制。截至 2021 年，全省累计

投入公益性增殖放流资金30亿元，目前年度投入约2.5亿元，约占全国的1/5；年度数量约70亿单位，约占全国的1/6。四是强化项目监管。坚持与水打交道但绝不能“掺水”的工作理念，加强增殖放流项目全过程监管，严格落实苗种检验检疫制度，严把质量关、种质关、生态关；建立社会义务监督员制度，切实将增殖放流打造成阳光工程。探索在省政府采购网上商城开设“增殖放流馆”，建立苗种网上快捷采购机制，届时采购时间将从线下近2月缩至网上3天，每年可至少节约招标代理费300万元。五是强化科技支撑。紧紧围绕“放什么”“放多少”“放多大”“在哪放”“何时放”“怎么放”等“六个放”开展精准科技攻关，不断提升增殖放流科技含量。常态化开展中国对虾、三疣梭子蟹、海蜇等重要增殖资源效果评价工作，深入实施“测水配方”生态试验；根据评价试验情况，及时优化增殖策略。

三、聚焦供苗专业化，稳供保质建体系

高质量的增殖放流系于高质量的苗种供应。一是坚持科学供苗。根据水产苗种生物学特点和全省增殖放流“点多、线长、面广”的实际情况，在20世纪八九十年代设立海洋水产资源增殖站的基础上，2007年创新建立了基于渔业增殖站的定点供苗制度，2018、2019年农业农村部连续两年在全国推介该制度，2020年省级增殖站数量达270处。2022年，农业农村部借鉴山东经验，组织搭建全国增殖放流供苗体系，初步实现苗种质量、种质安全、生态安全从不可控到逐步可控，山东理念在全国落地生根。二是坚持示范引领。为进一步加强专业化、规模化苗种供应，组织评定18处集项目示范、养护宣传、放生引导、技术攻关等功能于一体的省级增殖示范站，示范带动全省增殖放流工作。

四、聚焦参与社会化，宣传引导聚合力

社会力量是水域生态文明建设的一支重要力量，山东始终坚持

政府放流和社会放流两手抓、一体推、互相促。一是加大宣传力度。近年来，按照“政府主导、部门支持、媒体运作、全民参与”的宣传思路，组织开展全国“放鱼日”等特色放鱼活动400余次，其中省部联办15次以上，参与人数超过100万人次，精心打造“耕海牧渔 养护生态”等特色党建品牌，烟台、临沂等放鱼节已成为当地人民的节日。二是创新宣传形式。2020年以来，在疫情常态化防控背景下，为方便群众放鱼，创新开展了“碧水责任·云放鱼”活动，搭建了面向全国的“云放鱼”平台，初步构建了全民参与的“大放流”格局。山东自由贸易试验区“多方联动构筑海洋生物资源‘大养护’格局”经验做法获商务部“最佳实践案例”。三是加强规范引导。先后成立烟台、威海等六个市县水生生物资源养护协会，全力推动成立全国科学放鱼联盟，引导社会力量科学有序参与增殖放流和资源养护；印发《关于进一步规范和引导宗教界水生生物放生（增殖放流）活动的通知》，发放《科学放生手册-山东版》5 000份，举办科普活动10余次，科学安全放生的理念进一步被传播普及，社会放流放生成为增殖放流的有益补充。

五、聚焦产业效益化，耕海牧渔结硕果

民心是最大的政治，效果是最好的答卷。四十年大规模增殖放流取得了良好生态、经济和社会效益，渔业水域的“绿水青山”正变成成色十足的“金山银山”，产业发展与生态保护相得益彰。一是生态效益日益凸显。山东近海严重衰退的重要经济渔业资源得到了有效补充。据评价，当年增殖放流的中国对虾、三疣梭子蟹、海蜇分别约占其近海资源量的97%、38%、46%；为捕捞增殖资源，部分渔船主动将拖网改为流网，对保护渔业资源发挥了积极作用；增殖海蜇能够有效抑制近海赤潮灾害发生频率和沙蜇等同生态位有害水母的泛滥。二是经济效益非常显著。2005—2021年，全省秋汛累计回捕增殖资源约66万吨，创产值约225亿元，中国对虾等大宗经济物种投入产出比达1∶17，回捕增殖资源成为近海1万多艘中

小马力渔船的主要生产门路。“增殖放流真是我们渔民的及时雨，我们中小马力渔船主要靠回捕增殖资源取得效益，增殖资源开捕的时候，孩子们也要开学了，捕了放流的对虾、海蜇、梭子蟹，卖了钱，正好供孩子上大学。你们真是为我们渔民做了一件大好事！”海阳渔民的一席话，生动地反映了山东沿海广大渔民群众的心声。三是社会效益与日俱增。增殖放流丰富了人民群众的菜篮子，满足了社会各界对绿色、安全、放心海产品的需求，改善了人民群众的膳食结构，为保障国家粮食安全作出了积极贡献。大规模定点投放恋礁性鱼类有力推动了休闲海钓产业蓬勃发展，拉动餐饮、住宿、交通等相关产业的综合经济收入，这些收入是鱼品自身价值的53倍，“一条鱼”产生了“多条鱼”的价值。增殖放流密切了政群干群关系，促进了渔区和谐稳定。每到增殖放流季，不少渔民群众出船出力免费协助苗种运输、投放，用实际行动感激党和政府“国家播种、渔民受益”的惠渔好政策。多年来，山东渔民群众、专家学者、人大代表、政协委员等也纷纷向政府、人大、政协等部门写信或提出议案，建议进一步加大增殖放流力度，养护水生生物资源。在各级政府的积极引导下，全社会水域生态文明意识普遍提高，初步形成了“陆地植树造林 水域放鱼养水”的生态文明新格局。

“耕海牧渔、养护生态”永远在路上。增殖放流是主战场，是播种机，是宣言书，是宣传队。下一步，山东省将继续深入贯彻习近平生态文明思想，认真落实习近平总书记关于大食物观的重要指示精神，不忘初心、牢记使命，为全局谋、为子孙计，持续提升增殖放流的科学性、精准性、安全性和有效性，不断将这项“功在当代、利在千秋”的伟大事业推向前进，为修复近海渔业资源，保障国家粮食安全，建设渔业水域“绿水青山”，打造乡村振兴齐鲁样板作出新的更大的贡献！

关于中国北方农村坑塘治理对践行“大食物观”的思考

高志强
莘县农业农村局

在全面落实习近平总书记“大食物观”的新形势下，水产养殖业能否不断挖掘渔业资源、推广先进健康养殖技术、提升绿色健康养殖水平，生产出数量更多、品种更丰富、品质更优良的水产品，使之成为乡村振兴、富民增收的一个支柱产业，已成为当地政府和省市渔业行政主管部门十分关注和高度重视的问题。在此背景下，聊城市莘县和临清市等地涌现了不少乡村坑塘和运营管护典型，取得了很好的经济、社会和生态效益，受到山东省农业农村厅的高度肯定，省厅下发了《关于鼓励发展乡村坑塘渔业的通知》，乡村坑塘治理工作随即在全省展开。本文就中国北方农村坑塘现状和农村坑塘整治在助力践行大食物观中的作用试作简要分析，并就农村坑塘治理提出一些意见和建议。

一、农村坑塘治理对践行的“大食物观”的意义

（一）增加养殖面积，确保水产品充足供给

从粮食安全、食物安全再到“大食物观”，体现出一以贯之、不断丰富发展的战略思维。食物安全是“大食物观”的前提和最基本的要求，水产养殖业不但改善了人民的食物营养结构，繁荣了农村经济，而且保证了食物安全供给。2020 年，养殖水产品人均年有

量37千克，是世界平均水平的两倍，中国国民的动物蛋白消费约1/4来源于养殖水产品，而且这个占比正在持续增长，可见水产养殖对践行“大食物观”的重要性越来越突出。据初步统计，每个县都可以通过农村坑塘治理，开发出农村闲置坑塘4 000亩以上，即使在不投料的情况下，也可为市场提供1 000吨以上的水产品，这不仅丰富了人民对优质蛋白日益增长的需求，还可以做到农、林、渔兼顾，互相促进，全面发展，为食物充足供给作出重大贡献。

（二）实施多品种养殖，确保水产品优质供给

“悠悠万事，吃饭为大。”人民群众怀有对美好生活的向往，对食物提出了更高要求，不但吃得饱，更要吃得好。农村坑塘治理，腾出大面积的闲置土地发展水产养殖，不仅能够生产出大量各种淡水鱼类，还能向市场供给多种水生植物，如藕、菱角、马蹄等，进一步提升优质水产品供给，使人们想吃就能吃得到，满足人民群众日益增长的对食物吃得好的需要。

（三）推广绿色养殖，确保水产品安全供给

深入落实2020年中央1号文件作出的“推进水产绿色健康养殖”重要部署，进一步落实《关于加快推进水产养殖业绿色发展的若干意见》有关工作要求，更新发展理念，在全面落实五项制度和两项登记的基础上加快推进水产绿色健康养殖，实施“五大行动”，促进水产养殖再上一个新台阶，实现一个新飞跃，生产出更安全、更健康的水产品，满足人民群众日益增长的对食物吃得安全和健康的需要。

（四）拓展水产养殖新空间，打造“坑塘粮仓”

水产养殖具有“不与粮争地”的特性，充分利用村内和村头荒洼等的非粮地资源，大力发展生态环保型现代渔业，稳步推进省厅倡导的五种养殖模式，拓展水产养殖新空间，可有效解决宜渔土地资源短缺、养殖用地和用水成本上升等问题，优化地区渔业资源配置，打造“坑塘粮仓”。

（五）改善水域生态环境，共享食物和美景

通过合理设计规划，对坑塘进行清理，整修美化护坡，恢复排沥功能，发展水产养殖。一方面可以在降雨较多的季节充分收集雨水资源，避免了雨水资源的浪费，在降雨较少季节还可以灌溉农田，助力粮食高产；另一方面使周边水景观还原自然，营造碧水蓝天的优美环境，真正提高人民群众的幸福感和满意度，也是践行大食物观的重要体现。

二、积极推进农村坑塘治理，努力践行“大食物”观

树立大食物观，就应顺应人民群众食物结构变化趋势和市场需求，在保护好生态环境的前提下，开发闲置的土地资源，发展水产养殖，让水产品种类更丰富，供给更充足。农村坑塘治理是克服土地资源限制，践行大食物观的有效途径之一。那么，目前农村坑塘现状怎样，又如何推进农村坑塘治理呢？

（一）农村坑塘现状

目前，在我国北方广大的农村，村庄内或周围分布着大大小小的坑塘，其形状各异、深浅不一。在20世纪六七十年代，农村坑塘保持了原有的自然面貌特征，水清岸绿、空气清新，自然生态环境良好，村落与清清的河塘相映成趣。近几十年来，由于受多种因素的共同作用，农村坑塘呈现出以下特征：

1. 坑塘数量依然庞大

随着经济发展，一部分坑塘被填平建房；一部分坑塘在实施土地增减挂钩的时候通过平整土地进行复耕，变成了基本农田；还有一些坑塘被人们当成倾倒垃圾、排放生活污水的场所。这样无序的填埋与排放虽然致使坑塘数量急剧减少，但广大农村的每个村庄目前仍有1个甚至几个坑塘在沉睡闲置，面积几亩到几十亩不等，这是一笔庞大的闲置的渔业资源。

2. 引水资源减少，坑塘多数干涸

近些年来，在全球大气候变化的影响下，我国北方的自然降水总体偏少，地表径流流量的减少使得坑塘赖以补充的水资源减少，坑塘的入水量减少导致其储水量逐年降低；此外随着经济的快速发展，工农业生产和生活用水量大幅增加，地表可利用水量减少造成部分地下水超采，地下水位的下降导致无地下水入渗补给坑塘水源，大量坑塘成为旱坑。

3. 坑塘管理缺失

坑塘作为集体性公共资源，在改革开放前是有专人管理的，但在各地农村实行联产承包责任制之后，坑塘由于其具有公益功能未能分到农户，之后坑塘不再作为乡镇、村委的管理范围。管理的缺失，致使一些坑塘数量消失、面积减少，一些坑塘成了蚊蝇滋生的垃圾场。

4. 坑塘成为人居环境整治的"老大难"

在改革开放之前，农村坑塘曾经发挥过很好的经济效益，几乎每个村庄的坑塘里都是鱼儿翻腾、荷花飘香。现在大部分村庄的坑塘常年闲置在那里，不但发挥不出应有的经济效益，而且沦为当前人居环境整治的难点和重点。

5. 坑塘丧失了公益功能

在以前，坑塘边是村民夏天乘凉的聚集场所，发挥着独特的公益功能。现在大部分坑塘的这一功用已不存在了，垃圾异味和脏乱差的环境，严重影响着村民的生产和生活，是村民避而远之的地方。

（二）农村坑塘治理的对策和建议

农村坑塘治理一定要坚持"绿色发展、节水优先，因地制宜、分类施策，试点先行、示范引导，科技引领、服务保障"的原则，科学规划、正确引导，积极探索乡村坑塘治理和渔业生产相协调的绿色发展路径，把废旧坑塘变成人民群众优质食物的来源地、乡风文明的承载地和农民收入的“聚宝盆”。

1. 因地制宜、合理规划

农村坑塘分布广泛、各地情况不尽相同，县级农业、水利、自然资源等部门要成立组织，抽调熟悉本区域农村渔业、水利、土地的技术人员，在调查研究、科学分析的基础上，提出适应本区域自然环境特点的农村坑塘整治思路，制定切实可行适应长远发展的农村坑塘治理规划。

2. 拓宽渠道、多方筹资

农村坑塘面积大，治理所需资金较多，为尽早恢复农村坑塘自然生态面貌，实现多出鱼、出好鱼的目标，在用足用好上级财政资金的同时引导农村群众对坑塘治理工作的重视和投入，充分调动各方面参与坑塘治理的积极性，运用市场思维拓宽筹资渠道，通过市场化运作方式自筹解决。

3. 塘渠相通、水网相连

我们应尽快制定科学的规划和治理思路，提出符合农村实际的坑塘及连接当地河流沟渠的治理方案，将坑塘治理工程纳入当地水系水网规划，经过治理改造，实现河、渠、沟、塘、井互联互通，使坑塘成为水系水网的重要组成部分，使之成为“有水之源”，达到发展水产绿色养殖、存储水源、涵养地下水环境、改善区城小气候及扮靓农村面貌的目的。

4. 因地制宜、分类施治

农村保留的坑塘，根据位置、功能、水源条件等因素，按照“一村一策一方案”，分类施治，对症治理。浅小坑塘可填平复耕，深大坑塘可加固美化养鱼植藕，村内沟渠可以构建成绿色长廊，还原自然景观，努力提高治理改造中的科技含量和利用率。

5. 齐抓共管，长效防护

坑塘整治验收后，严格按照“分级管理、分级负责”“谁受益、谁管理”的原则，建立健全镇村两级维修养护管理体系，明确管理主体、管理制度和管理人员，落实后期管理维护费用，形成坑塘治理长效机制，确保使之成为践行"大食物观"食品安全供给的重要基地。

农村坑塘整治，是"大食物观"理念下的生动实践，不仅可以生产大量的水产品，增加群众经济收益，回应了大众食物结构变化对多元、营养、健康水产品的需求，而且会加快农村人居环境的整治，使废旧坑塘成为生态发展、美丽乡村建设的一道亮丽风景线。

端稳鱼盘子　向蓝色深海要食物

吴国庆
烟台京远渔业有限公司

2022年3月6日，习近平总书记在参加全国政协十三届五次会议联组会时指出“要树立大食物观”，作出了要向江河湖海要食物，稳定水产养殖，积极发展远洋渔业，提高渔业发展质量的殷切嘱托，为我们在新时代做好渔业工作提供了根本遵循。

渔业是向江河湖海要食物的主要生产方式，水产品提供了优质动物蛋白，改善了居民膳食结构，为保障国家粮食安全作出了积极贡献。近年来，我国渔业特别是远洋渔业加快转型升级，取得了很大成绩。北京远洋渔业作为首都国企矩阵中的一员，和全国同行一道，把“耕耘蓝色粮仓、向深海要食物”作为自身使命的应有之义。

一、远洋渔业在水产品稳产保供中的作用

水产品是重要的农产品，也是优质动物蛋白的重要来源。我国水产品主要来源于养殖和捕捞，年产量多年保持在6 500万吨以上。2021年全国水产品总产量达6 690.29万吨，比上年增长2.16%，其中远洋捕捞的比例持续优化，促进了整个产业融合水平的显著提高，为“菜篮子”产品稳价保供作出积极贡献。

随着国家经济发展和国家食品安全战略的实施，我国远洋渔业产业适应了现代社会的形势，不断满足人们对健康食品的消费需求，得到了突飞猛进的发展。我国远洋捕捞船队已从最初十几条渔

船，发展到目前 3 000 艘多类型的大规模作业船队，其捕捞的水产品不仅丰富了国内水产品市场，为人们提供了大量的优质蛋白源，而且在促进人们健康安全消费以及践行"海洋强国"战略方面发挥了重要作用。

远洋渔业产品普遍源自未受污染的纯净深海区域。原生态的海洋生存环境，使其成长过程完全遵循着大自然的规律，远离各种人为污染，具有"天然、健康"的特点，是难得的高档优质食品。为了保证远洋深海鱼产品肉质接近鲜活状态、各种营养成分不被破坏，远洋渔业在捕捞、加工、运输、销售等各环节均实行系统的冷链质量安全控制，以满足现代人们对食品消费的高标准要求。远洋渔业捕捞的深海鱼产品因其富含优质蛋白质，且脂肪含量低，作为天然的食品来源，对保证国内饮食安全和健康消费具有深远意义。

二、北京远洋渔业响应党和国家号召走高质量发展之路

烟台京远渔业有限公司系北京水产集团有限公司 1992 年在蓬莱投资成立的国有渔业公司，隶属于北京首农食品集团，是我国内陆城市唯一具有农业农村部认定的远洋渔业企业资格的公司。北京远洋渔业成立的初衷是为解决北京市场海产品供应问题。20 多年间，在保障首都水产品市场供应，维护水产品安全，丰富首都市场"菜篮子"、提供健康无公害水产品、改善市民生活水平等方面，发挥了积极作用。

21 世纪初，国家为进一步保护近海资源与环境，鼓励企业发展远洋渔业。北京远洋渔业除了巩固既有的西非捕捞、完善缅甸加工、扩大印尼捕捞外，为更好发挥国有企业的优势，促进国有资产保值增值，同时也可带动相关产业的发展，加快调整捕捞结构，开始了金枪鱼、鱿鱼的捕捞作业和活鱼的运输。2001 年远洋船舶为 12 艘，其中鱿钓船 3 艘、金枪鱼钓船 1 艘、拖网船 8 艘，不仅保持了

近海捕捞收益的稳定，也保持了远洋捕捞的丰收，远洋捕捞年产量达到 7 490 吨。

“十二五”时期，北京远洋渔业积极响应国家的鼓励政策，先后筹资 2 亿元新建 2 艘秋刀鱼兼鱿钓船、2 艘大型鱿钓船、更新 2 艘定置网渔船，分散了船舶单一用途带来的风险，拓展了远洋捕捞作业领域，打造了一支集硬件设施、生产技术、运行管理都具有竞争力及现代产业特征的专业船队，从此跨入国内中等渔业企业的行列。

我国近年来开始严管严控远洋企业的数量与远洋船队的规模，全国远洋渔船总数稳定在 3 000 艘以内和远洋渔业企业数量保持零增长是中国远洋渔船审批工作的红线。在渔船数量与规模下降的态势下，远洋渔业该如何实现突破和增长？答案是“更新改造、提高效益”，逐步淘汰老旧渔船，并对现有渔船进行安全、节能环保等方面的改造，提高效率。

“十三五”开始，北京远洋渔业认真领会农业农村部发展规划，不再新造船舶，把重点放到“改造现有船舶、提高节能、环保、安全性能”，2017 年至今累计完成对 4 艘渔船、5 个项目的升级改造，理论年节约燃油近 800 万元，同时提高了航行和作业期间的舒适性、安全性。持续优化捕捞结构、发展新渔场。2019 年起先后申请印度洋公海鱿钓项目、中东大西洋鱿钓探捕项目，为降低捕捞风险、向国内供应优质深海水产品提供了保障。

2021 年京远渔业公司履行国企责任担当，积极配合属地疫情防控等相关工作，以高度的责任感，坚决防止“输入性疫情”，克服渔船作业周期受到延误、运营成本增加等不良影响，保证全年生产作业的同时完成疫情防控各项工作，货物及人员均未出现问题。捕捞鱿鱼、金枪鱼、秋刀鱼等多种深海水产品 7 472 吨，完成营业收入 3.6 亿元。京远渔业公司全年派遣 8 艘大洋性远洋渔船，在西南大西洋、东南太平洋、西北太平洋和中西太平洋海域作业，按规定运回国内自捕鱼 4 778.7 吨，真正做到了向蓝色深海要食物。

三、新形势下远洋渔业发展的对策建议

单纯靠渔船数量增长的粗放式发展已不适合远洋渔业发展需求，高质量发展成为主旋律，特别是我国发展观念不断改变，经济结构和社会结构逐步优化，改善和提高内需越来越受到重视。

伴随着后疫情时代经济形势的变化，我们正处在保障粮食安全、构建“蓝色粮仓”的大背景和经济内循环为主、双循环促进发展的新格局下。习近平总书记指出，要把满足国内需求作为发展的出发点和落脚点，加快构建完整的内需体系。这个论断与“树立大食物观”互为一体，向海而兴是促进循环的必由之路，发展远洋渔业已成为“大食物观”的新增长极，扩大远洋渔业企业的产业链能力，已经成为远洋渔业新时代转型升级的突破口。

一是要抓住行业洗牌机遇，重新整合资源。鼓励实力强的企业瞄准国内外远洋捕捞公司或捕捞船队资源，抓住行业内并购机会，以股权收购、购买船只、参股等手段，实行低成本扩张，扩大远洋捕捞船队规模，继续发展水产品捕捞加工项目，培育一批规模大、管理规范、有国际竞争力的现代化远洋企业，尽快整合资源，实现资源优化配置，轻装上阵。

二是要加快建设海外远洋渔业基地。鼓励企业在海外，特别是在“海上丝绸之路”沿线国家建设综合性远洋渔业基地，形成点、线、面的布局，突破远洋渔业可持续发展的瓶颈。以基地为依托，培育龙头企业和产业集群，支持龙头企业向产业链两端扩展，打造集远洋捕捞、加工、贸易为一体的综合性集团，形成全球性远洋渔业规模效应。

三是要加强国家对行业的资金支持。远洋渔业涉外性很强，具有“民间外交大使”之称，在维护海洋权益上具有重要作用，国家应继续加强政策资金支持，为远洋渔业产业发展提供专项资金支持，在融资、保险、补贴等方面多措并举，提升远洋渔业的综合水平，有能力、有实力更好地参与“一带一路”建设。

四是要在民众层面加大对远洋渔业的宣传。将深海水产品的宣传与推广编入国民健康计划，纳入全国消费者的健康战略，覆盖全人群、全生命周期的营养和健康，着力满足国民健康需求，让更多中国人吃上“绿色、健康”的深海水产品，大幅提升我国人民的生命健康水平，切实向蓝色粮仓要食物。

尽管面临不少挑战，我国远洋渔业也迎来前所未有的发展窗口期。我们有充分的自信，在党中央、国务院的科学指引下，依托多年的行业积淀和资源优势，北京远洋渔业和全国 170 多家同行一起，已然鸣响了迈进新时代的强音，开启了新希望的航程。海上捕捞、海上运输、港口建设、冷库运营、燃油补给等细分板块协同发展的远洋渔业行业，必将为国内构建“大食物观”作出新的更大贡献。

大食物观——取之于水，惠泽于民

张　余

湖南省益阳市沅江市畜牧水产事务中心水产技术推广站

2022年全国两会期间，习近平总书记指出，要树立“大食物观”，向江河湖海要食物，渔业是农业农村经济的重要组成部分，对保障国家粮食安全和重要农产品有效供给、促进农民增收、服务生态文明建设和政治外交大局等具有重要作用。人民群众不可或缺的食物之一水产品，是丰富、优质动物蛋白的重要来源，人们对水产品的消费观念从过去的区域性、季节性转变为全民消费、常年消费。

湖南省益阳市沅江市是全国百强渔业县、国家重要商品鱼基地。水产产业发展优势明显，为全省5个产量过10万吨的渔业重点市县之一。水产业是沅江市农业农村经济发展的一大支柱产业，在丰富城乡居民“菜篮子”工程、扩大社会就业、发展区域经济、改善生态环境等方面发挥了重要作用。为深入贯彻习近平总书记关于“大食物观”的重要指示精神，沅江市统筹水生态保护、水环境治理、水资源利用、水经济发展、水安全保障，在加快渔业转型升级、拓展渔业空间、提升水产品产能方面取得了突出成就。

树立大食物观，转型升级传统养殖模式。池塘养殖是沅江市的传统养殖方式，2021年，沅江市为社会提供16.3万吨水产品，在河湖矮网围及网箱退养大背景下，池塘养殖产量需符合粮食“稳产保供”绿色发展，因此对池塘养殖的尾水排放提出了更高的要求。为推动水产养殖业转型升级，沅江市主要通过3种模式实现尾水达标排放或循环利用：

1.“三池两坝”净化模式，即养殖尾水经沉淀池+过滤坝+曝气池+过滤坝+生物净化池+净水池+在线监测，达到水质排放标准，回到养殖系统或排出。该模式占用地面积10%左右，是沅江市集中连片池塘尾水治理的主力模式。

2. 池塘工程化循环水养殖模式，即将主养品种置于流水槽中，槽外的大池塘用于鱼粪收集和水处理，包括养鱼流水槽、鱼粪残饵集污装置、推水增氧装备、起鱼吊装设备、鱼菜共生装置、导流坝等。这种模式不占地，适合连片且有一定规模的池塘，基本可以实现污染物达标排放，养殖用药减少 90%。

3. 池塘底排污模式，即将池塘改造成圆角锅底状，“锅底”设排污口与岸上排污井联通并用，简单易行，每 2 天排污 1 次，每次排 2 立方米水，粪污经沉淀后作肥料，上清液返回池塘，可实现达标排放。该模式基本不占地，主要适用于沅江市小规模池塘。

此 3 种模式的实施，促使沅江市养殖池塘布局更加规范，水环境得到有效保护，水生态系统更加健康稳定。采用循环水养殖模式，可实现养殖用水零排放，能减少养殖过程对周边水环境依赖，节水效果明显。初步估算，全市 16.32 万亩池塘治理完成后，每年可节约养殖用水 1.15 亿吨。有养殖尾水排放的养殖场，尾水中固体悬浮物去除率超 90%，总氮和总磷去除率可达 65%，因此，16.32 万亩池塘尾水治理完成后，预计每年可削减水产养殖排污量 25%以上。养殖池塘每年残饵、粪便等养殖废弃物，经处理可制成有机肥，或进入稻田、鱼菜共生系统，综合利用，亦可构建起绿色、低碳、可持续的现代水产养殖产业模式，推进水产养殖业绿色高质量发展。

树立大食物观，合理利用渔业水域资源。我国是世界水产养殖第一大国，日益增长的水产品需求与水资源和耕地资源短缺的矛盾迫使我们探索出了新的发展模式——“渔光互补”模式，即将光伏发电与水产养殖相结合，利用鱼塘水面或滩涂湿地，支上光伏组件进行发电。在丰富的养殖水面上架设光伏组件进行发电，形成"上可发电、下可养鱼"的创新发展模式，既能充分利用空间、节约土地资源，又能利用光伏电站调节养殖环境，还能优化地区能源结构、改善环境，并可提高单位鱼塘产量，增产增收，在水产养殖和光伏产业上实现领域共享。为充分合理利用渔业水域资源，2020 年沅江市引进广东省能源集团贵州有限公司新建 50 兆瓦光伏发电站，实施"渔光互补"低碳绿色发展产业，项目总投资 2.3 亿元，共建设50 兆瓦光伏阵列 16 个、升压站一座。该项目的实施，有效地减少了湖面水分的蒸发，抑制藻类生长，改善水质，同时解决部分下岗职工就业和增加困难职工的收入，结合渔业生产、旅游、休闲一体化的运行模式，增加沅江市集体经济收入和财政税收，有力助推沅江水产业高质量发展。

将水产和光伏有机结合，实现真正"互补"，目前所遇到的问题是：光伏组件的遮光比对鱼类增重、饵料系数及亩产量的影响。经探索得出结论：50％的遮光对鱼类的影响相对较小，并且遮光处理给鱼类营造了一定的阴凉栖息环境，减少了寻求弱光环境而带来的能量消耗，从而促进肌肉中的脂肪积累。另外"渔光互补"池塘光伏板有一定的遮阳作用，一定程度上降低池塘内的光照强度，稳定水温，有利于水草稳定生长，为鱼类提供更好的生长环境；同时光伏板对强降雨有挡雨缓冲作用，减少鱼类的应激反应，减少疾病发生，提高存活率。对于不同的养殖模式需要对养殖品种、遮光面积、光伏板搭建方式、池塘结构做因地制宜的区分。从资源及能源合理利用的角度来讲，光伏渔业是综合发展的必然选择之一，但想要做养殖＋发电的综合效益平衡，还有很多关键问题亟待解决。

树立大食物观，强化水生生物资源养护意识。近年来，党中央、国务院高度重视水生生物资源养护工作，渔业部门不断强化休渔禁渔、加强水产种质资源保护区建设、控制渔业捕捞强度。在长江十年禁渔行动和水生生物保护的法治支撑大背景下，强化水生生物资源养护意识，沅江市统筹规划，构建了"区域特色鲜明、目标定位清晰、布局科学合理、管理规范有序”的增殖放流体系。先后开展了人工增殖放流活动和南洞庭湖银鱼三角帆蚌国家级水产种质资源保护区调整生态修复，共计投放各类鱼种 2 000 余万尾，对沅江市恢复水生生物资源、维护生物多样性、改善水域生态环境以及促进渔业增效和渔民增收发挥了重要作用。

人工增殖放流是补充渔业资源种群与数量、恢复水生生物资源的重要且有效手段，是向江河湖海要食物的重要源泉之一。放流时间的准确选择、放流物种的科学确定、放流水域的合理规划、放流数量的严格控制以及放流过程的监督管理，都是每一次增殖放流能否产生高效益回报的关键因素。加快体系建设、加强增殖放流支撑保障，以确保达到水生生物资源养护目的。

随着城乡居民对优质安全水产品和优美水域环境的需求日益增长，传统的养殖模式缺乏现代化、高层次养殖生产所必需的物质条件和综合经营规模，致使养殖水域环境条件不断恶化。树立大食物观，转型升级传统养殖模式，不仅要实现尾水达标排放和循环利用，营造优美的水域环境，同时也要支持开展基础设施现代化、标准化和生态化改造示范，提升发展基础；注重优良品种、渔用饲料、渔用药品、免疫技术等研发，支持良种推广、科学喂养、疫病防控等示范，提高水产品质量安全水平；注重健康养殖模式探索与研发，支持绿色新型、综合集成技术模式推广示范，提高水产养殖可持续发展水平；注重渔用物联网技术、设备研发，支持建立水产养殖基础数据库和信息网，提升科学发展、科学决策和社会监督水平。

取之于水，惠泽于民。综合利用水域资源，科学拓展水产养殖新空间，持续发展生态环保型现代设施渔业，合理开展“渔光互补”新模式，稳步推进稻渔综合种养等立体综合养殖。加强大食物观的宣传，提高全民对水产品的认知，强化水生生物资源的养护意识，助力水产养殖业绿色高质量发展，实现渔民互惠，从江河湖海取食物。

树立大食物观——加快发展云南高原特色淡水渔业

杨树国
云南省水产技术推广站

古人云："国以民为本，民以食为天"。习近平总书记提出，要树立大食物观，向江河湖海要食物。渔业是向江河湖海要食物的主要生产方式，渔业在生物安全、生态安全和粮食安全中发挥着重要的作用。近年来，云南依托自身的资源、气候和区位等优势，紧紧围绕"创新、协调、绿色、开放、共享"的发展理念，坚持"稳产保供、创新增效、绿色低碳、规范安全、富裕渔民"的方针发展渔业，全省渔业进入持续、快速、健康发展的阶段，高原特色淡水渔业在保障全省粮食安全和促进国民经济发展中发挥着越来越重要的作用。

高原特色渔业的快速发展得益于得天独厚的资源优势。一是云南水资源十分丰富，境内江河湖库众多，水资源总量排全国第三位。全省宜渔水面超过 40 万公顷，另有约 33 万公顷的稻田适宜发展稻渔综合种养。此外，有适宜冷水鱼养殖的溪流水和地下冷泉水 2 200 多处。云南水资源分布于六大水系的源头或上游，森林覆盖率高，工业污染小，生态环境好，水质优良。丰富、多样、优质的水资源为渔业的发展提供了广阔的空间，为发展优质原生态水产品生产提供了先天的条件。二是气候条件优越，省内同时具有寒、温、热（包括亚热带）三个气候带。全省无霜期长，南部边境全年无霜，比较寒冷的西北和东北地区无霜期长达 210～220 天。以鲟为例，云南鲟养至性成熟的时间较我国东北地区提前2～3年，明显缩短了养殖时间，提高了养殖效益。三是鱼类资源丰富，云南有记录的鱼类种数约有690种，并有大量的土著种及特有种。云南鱼类无论是总种类数，还是土著种、特有种的数量都处于全国首位，具有丰富的种质资源和极高的研究价值。云南很多鱼类肉质鲜美，经济价值高，发展前景广阔。丰富的水资源、得天独厚的气候条件和多样的水域生态环境，使云南成为绝大多数鱼类生存繁衍的理想家园，为当地渔业的发展提供了坚实的基础。

高原特色渔业的快速发展离不开科学的规划。云南依托各地资源优势，科学规划了主产区域：积极融入国家长江经济带建设战略，主推鲟、鳟、裂腹鱼、藻类等高价值水产品种，将长江流域（云南段）打造成高价值水产品优势区域，打造世界一流的冷水鱼优势区域；积极融入"一带一路"建设，以普洱、西双版纳、红河南部、临沧和德宏等热区为重点区域，积极发展罗非鱼养殖、加工和出口，打造中国品质一流的罗非鱼优势区域；以传统池塘优势养殖区域和稻田养鱼区域为重点地区，打造滇中大宗淡水产品优势区，确保城乡"菜篮子"供应；以"六大名鱼"、土著鱼、引进名特优品种为主导品种，发展高效高值特色渔业基地，打造特色特种鱼类开发区；在水生生物资源较为丰富的地区，建设水生动植物自然保护区和水产种质资源保护区，统筹推进水生生物资源养护体系建设，建设水生生态文明。

高原特色渔业的快速发展离不开水产种业的发展。"发展养殖，种业先行"，水产养殖种业是水产养殖原始创新、推动现代水产养殖业高质量发展的必备物质基础，水产种业的质量直接关系到水产品的质量和效益。当前，水产业发展对水产种业的依赖性越来越高，水产种业在全面实施乡村振兴战略，加快推进农业农村现代化中肩负着新使命新任务。多年来，云南充分利用资源优势，打造了一批集驯养、繁育、科研、选育、保种、试验、示范的水产原良种场，推进"繁育推"一体化的苗种生产体系建设，努力提升水产种业自主创新能力和核心竞争力。目前，云南水产苗种生产以四大家鱼、鲤、鲫、罗非鱼为主，少量生产斑点叉尾鮰、裂腹鱼、罗氏沼虾、牛蛙、泥鳅等特色养殖品种及土著经济鱼类苗种。云南水产苗种在供给自己的同时还充分利用地理区位优势，积极建立水产种业“双循环”格局，目的是将云南打造成水产种业新基地。

高原特色渔业的快速发展需要着重解决制约云南渔业发展的关键问题。一是宜渔水域开发利用不足。云南宜渔水面近 40 万公顷，但目前仅开发利用了 1/3，尚有较大的开发利用空间。2020 年，全国水产品人均占有量为 46.4 千克，而云南省仅为 13.7 千克，较达到全国平均水平，尚有较大缺口。因此，云南要加大对宜渔水面的开发利用，增加对水产养殖业的投入和引导，同时通过加强培训等方式提高渔民的养殖技术水平，以进一步提高水产品稳产保供的水平和减少与全国的差距。二是渔业加工业发展相对落后。由于云南水产品深加工企业少、规模小，导致生产销售的水产品以鲜活水产品为主，销售渠道有限。此外，由于水产品深加工和饲料生产企业的缺少，导致水产品附加值低，养殖成本偏高，市场占有份额小，无法对养殖业起到有效的带动作用。因此，今后一段时间内要增加第二产业的投入与引导，扶持一批优质水产饲料生产和水产品深加工企业，以提质增效带动水产养殖业的发展。同时，还应加大力度支持水产流通、运输（仓储）、休闲渔业以及新兴产业的发展，促进渔业一二三产业的融合发展。三是渔民收入相对较低。2020 年，云南渔民人均纯收入为 1.7 万元，与全国相比有近 0.5 万元的差距。这主要因为云南渔民收入来源较为单一，绝大部分收入来自出售鲜活水产品，其他途径获得经济收入的水平较低，基本全靠养鱼养家。因此，要通过鼓励渔民从事兼业、加强惠渔相关补贴的落实等措施，以提高渔民的养殖积极性和增加渔民收入。

高原特色渔业的快速发展需要充分开拓国内国际两个市场。云南的渔业水域都处于六大江河的源头或上游，水质清澈，光照充足，天然饵料充沛，生产的鱼类产品绿色、生态、营养、安全，较国内外同类水产品具有明显的质量优势。一是应加大宣传力度，开拓国内市场销售渠道。随着我国经济的发展和居民生活水平的提高，水产品的消费结构也将趋于优质化、多样化，这为云南高原特色水产品占有国内市场带来了机遇。当前，应增加云南水产品的宣传力度，通过展会宣传、互联网营销、与餐超合作等策略，提高高原特色水产品在全国的知名度和市场占有率，将质量转化为数量和效益，进而促进行业发展。二是充分利用区位优势，将高原水产品销往国际市场。云南是亚洲的地理中心，拥有面向“三亚”、肩挑“两洋”的独特区位优势，是参与“一带一路”建设的重要省份。省会昆明是亚洲 5 小时航空圈的中心，是南北方向贯通亚洲南北泛亚铁路等国际大通道与东西方向联系亚非欧三大洲、贯通三大洋的新亚欧大陆桥的交汇枢纽。独特的区位优势，凸显了云南在澜湄合作机制、“一带一路”、RECP 等建设中的重要地位。据联合国粮食及农业组织预测，全球水产品捕捞量将进一步缩减，而到 2030 年水产食品消费总量将增长 15%，国际水产品贸易名义价格将上涨 33%。国际上多数国家，因为受技术和自然资源的限制，产量一直较低，养殖无法规模化发展。而云南以水产养殖为主，目前，养殖生产技术体系已基本建立，并且水产品加工技术已发展成熟，具备了做强做优产业的基础。因此，云南可以充分利用区位和自贸区优势，将云南水产品销往国外，打造高原特色水产世界品牌。

综上所述，高原特色渔业的快速发展得益于得天独厚的资源、气候优势和科学的规划与引导。展望未来，要充分开发利用宜渔水域资源，大力发展水产养殖业，增加对二三产业的支持与引导，利用质量和区位优势充分开拓国内国际两个市场，以保持高原特色渔业持续、快速、健康地发展。

树立大食物观　推动青海渔业高质量发展

马苗苗
青海省渔业技术推广中心

2022年全国两会期间，习近平总书记在看望参加政协会议的农业界、社会福利和社会保障界委员，并参加联组会时强调，要树立大食物观，从更好满足人民美好生活需要出发，掌握人民群众食物结构变化趋势，在确保粮食供给的同时，保障肉类、蔬菜、水果、水产品等各类食物有效供给，缺了哪样也不行。《尚书·洪范》有云："洪范八政，食为政首。""食"中蕴藏生存之道、发展之道，关乎国家稳定、人民幸福。从4亿人吃不饱到今天14亿多人吃得好，"树立大食物观"是更好满足人民美好生活需要的深思远虑，是全方位、多途径开发食物资源的战略擘画。

青海省地处青藏高原、三江源头，地理、气候条件独特，境内水域资源丰富，天然洁净无污染的优质冷凉水资源为发展高原绿色生态渔业创造了得天独厚的条件。利用水域滩涂资源优势，推进渔业产业持续健康发展，保障绿色优质水产品有效供给，可以有效节约土地资源、拓展农业生产空间、引领农业绿色发展，在助力乡村振兴、促进共同富裕中发挥重要作用。

一、落实大食物观，青海冷水鱼产业面临新机遇

青海省现有沿黄鲑鳟网箱养殖场27家，网箱总面积39.2万平方米，鲑鳟苗种场3家，鲑鳟养殖产量1.5万吨左右，占全国鲑鳟产量30%以上，在"十四五"期间，鲑鳟产量可达3.5万吨，养殖

产品直接销往全国各地。由于鲑鳟是一类高蛋白、高脂肪、低胆固醇的鱼类，含有一般鱼类所缺乏的甘氨酸，维生素A和B族维生素的含量也高于其他鱼类，因此深受消费者喜爱。同时，池沼公鱼、高白鲑、河蟹等名特优品种大水面增养殖成功，也已形成当地特色养殖品种，为日益丰富的居民水产品需求提供了有效供给。近年来，随着渔业技术进步、养殖模式创新和智慧渔业发展，渔业这个古老行业又焕发新机，水产养殖业单位面积产出效率越来越高，是名副其实的高效农业。研究表明，渔业劳动生产率、单位面积产值、单位劳动力产值均高于大农业，渔业单位劳动力创造的水产品产量远高于猪牛羊等畜禽产量，单位劳动力渔业创造的价值和产值更高，且呈现逐年递增的趋势。在当前全球粮价上涨，我国饲料粮进口依赖度持续增加的情况下，水产养殖业在投入产出方面优势明显，可使用更少的资源生产出更多的优质蛋白质，不仅可为渔民带来直接性经营收入，还可带动水产品加工、冷链运输、餐饮、文旅等产业发展，对促进一二三产业融合发展有着重要作用。

二、落实大食物观，水产养殖业转型升级是趋势

（一）建设现代化渔业产业，探索多层养殖模式，推动渔业产业绿色转型，直接推动水产养殖业向标准化、工厂化和智能化方向迈进

随着冷水资源稀缺、土地资源紧缺、环保要求提高，具有节水、节地、环保优势的工厂循环水养殖等陆基渔业养殖模式成为水产养殖业发展的方向。目前青海省有已建和在建陆基渔业养殖场28家，主要养殖品种为三倍体虹鳟、鲈、南美白对虾、花斑裸鲤、泥鳅等，青海渔业由传统网箱养殖向现代陆基渔业转型升级迈出了坚实步伐。同时“鱼菜共生”新模式，既实现了陆基渔业养殖尾水“零排放”，又实现了种植业与渔业生产要素共享和价值共创，是一种循环性可持续的低碳生产模式，充分发挥了“一水多用、一田多

收"生态优势，比较效益大幅增加。

（二）引导物联网、大数据、人工智能等现代信息技术与水产养殖产业深度融合，引领农业绿色发展促进农业转型升级

在水产养殖的过程中，需要密切注意水温、水质、溶解氧、PH等基本要素，尤其对陆基渔业来说稍有不慎就可能造成不可挽回的损失。随着"互联网+"时代的到来，以及人工智能在各行业的迅速普及，依靠智慧渔业实现自动化管理，做到自动控制、减少养殖风险，降低养殖成本已变为可能。因此，引导渔民使用智能化信息技术是水产养殖行业发展的必然趋势之一。

三、对策建议

（一）合理布局渔业产业，促进渔业转型升级

利用青海省高原优势，科学划定禁养区、限养区和养殖区，因地制宜地选择适合的养殖模式，大力发展生态环保型现代设施渔业，建立规模化、标准化生态环保型设施渔业示范基地。

（二）加强生物安全管理，保障渔业生产安全

以树立"负责任渔业理念"来统领青海鲑鳟产业健康高质量绿色发展，实行最严格的养殖容量控制、最严格的生物安全管理措施、最严格的水产品质量监管，为持续推进生物安全管理提供强有力的理论支撑，确保冷水鱼产业安全健康发展。

（三）加强产业服务指导，提高渔业生产技能

配齐增强水产专业技术人才队伍，深入养殖场开展实地指导，帮助养殖户制定生产计划、规划、联系优质苗种，强化产前、产中、产后服务，参与安全生产管理，规范养殖行为，全面为养殖户排忧解难；持续开展渔业技术服务，定期或不定期组织开展水产养殖技术培训，不断促进养殖户水产养殖技能提升。

（四）推广渔业科技应用，提升渔业管理水平

积极推广智慧渔业，加快物联网、区块链等技术在精准投喂、循环水智能处理等方面的应用，培育新型渔业养殖人才。发挥新型渔业养殖人才的示范推广和带动作用，带领渔户开展组织化、规模化、标准化生产，使小渔户对接大市场，小产业发挥大作为。

（五）提高大食物观理念宣传，增强水产品消费认知

随着水产品销售渠道从B端向C端的转变，国内水产品消费呈现出小型化、精细化和便捷化的特点，因此鼓励各大型企业提升加工技术，升级加工设备。同时，通过加强水产品质量安全监管，完善水产品质量安全标准体系与认证制度，建立从“塘头”到“餐桌”的全链条质量安全可追溯机制，提升消费者对水产品的信任度。此外，通过品牌建设，科普宣传，引导消费者合理调整膳食结构，鼓励消费者多吃水产品，助力国民身体素质提升。

图书在版编目（CIP）数据

“大食物观”征文活动优秀作品集 / 农业农村部渔业渔政管理局，全国水产技术推广总站编．—北京：中国农业出版社，2023.10

ISBN 978-7-109-31285-2

Ⅰ.①大… Ⅱ.①农… ②全… Ⅲ.①渔业—产业发展—中国—文集 Ⅳ.①F326.4-53

中国国家版本馆CIP数据核字（2023）第203788号

中国农业出版社出版
地址：北京市朝阳区麦子店街18号楼
邮编：100125
责任编辑：王金环　李雪琪　蔺雅婷
版式设计：杜　然　　责任校对：刘丽香
印刷：北京中兴印刷有限公司
版次：2023年10月第1版
印次：2023年10月北京第1次印刷
发行：新华书店北京发行所
开本：700mm×1000mm　1/16
印张：14
字数：195千字
定价：68.00元
